AF191404

Rainer Hoffmann / Hu Qiuhua

Kein Krieg ist
der beste Krieg!

Das chinesische Werk
„Die Kunst des Krieges" (bingfa 兵法)
von Sunzi 孙子

edition pace | Band 32
Herausgegeben von Peter Bürger

In Kooperation mit:
Lebenshaus Schwäbische Alb

Rainer Hoffmann / Hu Qiuhua

Kein Krieg ist der beste Krieg !

Das chinesische Werk
„Die Kunst des Krieges" (bingfa 兵法)
von Sunzi 孙子 – dargeboten im
Vergleich mit Anschauungen des
Preußen Carl von Clausewitz

edition pace

Diese Buchausgabe
folgt der schon erschienenen
Digitalversion des Online-Regals:
Lebenshaus Schwäbische Alb

© 2025

Rainer Hoffmann / Hu Qiuhua
KEIN KRIEG IST DER BESTE KRIEG !
Das chinesische Werk „Die Kunst des Krieges"
(bingfa 兵法) von Sunzi 孙子 – dargeboten im Vergleich mit
Anschauungen des Preußen Carl von Clausewitz
(edition pace – Gründungsreihe | Band 32)
Redaktion & Buchgestaltung: Peter Bürger (Hg.);
Umschlagtext: Egon Spiegel.
Umschlag-Bildhintergrund:
File:歷代聖賢半身像 冊 孔子 (Sunzi).png
Cold Season | commons.wikimedia.org

Verlag: BoD · Books on Demand GmbH, In de Tarpen 42,
22848 Norderstedt, bod@bod.de | Druck: Libri Plureos GmbH,
Friedensallee 273, 22763 Hamburg
ISBN: 978-3-8482-5962-5

Inhalt

Der altchinesische Stratege Sunzi sagt:

„Deshalb kann die Devise ‚hundert Schlachten und hundert Siege' 百战百胜 *nicht das oberste Ziel der Kriegsführung sein. Als oberstes Ziel muß vielmehr gelten, die feindliche Armee matt zu setzen, noch ehe es zum eigentlichen Kampf kommt."*
(sunzi bingfa, III, 2)

Die wahre „Kunst des Krieges" besteht also darin, den Krieg, der hier als schädigend für Land und Leute gesehen wird, zu vermeiden.

Erster Teil
Zwei Autoren und zwei Kulturen

Der Militärhistoriker Martin van Creveld vertritt die Meinung, der höchste Rang unter den Theoretikern des Krieges gebühre Sunzi und Clausewitz.

Wer die Werke dieser beiden sorgfältig durchgeht, wird aber leicht feststellen, daß das altchinesische *bingfa* (*Die Kunst des Krieges*) und das preußisch-deutsche *Vom Kriege* zwar beide von Strategie und Taktik der militärischen Auseinandersetzungen handeln, daß sie jedoch zum Phänomen des Krieges recht unterschiedliche Stellungen beziehen.

1. SUNZI IN SEINEM GESCHICHTLICHEN UMFELD

Zwischen 500 B. C. und 450 B. C. geht die Frühlings- und Herbstperiode 春秋时代 unmerklich in die Zeit der Streitenden Reiche 战国时代 über. Das altchinesische Multistaatensystem gerät unter Druck und wird zunehmend instabil. Nüchterne *Realpolitik* ist an der Tagesordnung, und die Anzahl der politischen Akteure wird durch die unablässigen Kriege ständig vermindert. Um das Jahr 300 B. C. sind nur noch drei unabhängige Großmächte übrig, die sich wie wachsame Raubkatzen gegenseitig belauern. Chu 楚 mit Schwerpunkt im Yangzi Becken, ist eine lockere Adelsföderation mit eher schwacher politischer Spitze. Bevölkerung und Elite sind konservativ gesonnen und halten an den hergebrachten Überlieferungen fest.

Qin 秦 im Westen fungiert als Militärstaat par excellence, mit streng soldatischem Wertekodex, etwa von der Art des griechischen Sparta. Qi 齐 im Osten, um Henan und Shandong herum organisiert, ist am weitesten zu den politischen Vorstellungen vorgedrungen, die später den Regierungsstil der chinesischen Kaiserzeit prägen werden.

Sunzi 孙子 oder Sun Wu 孙武 wird von der neueren Forschung als reale historische Person akzeptiert, seine wahrscheinlichen Daten sind ca. 545 B. C. bis ca. 470 B. C.[1] Nach den Informationen des Hanshu 漢書 wurde er von Wu Zixu 伍子胥 dem König Guang von Wu 吳 vorgestellt.[2] Um diese Zeit waren die dreizehn juan (卷 Bücher; eher Kapitel) des *bingfa* (兵法 *Die Kunst des Krieges*) bereits fertiggestellt, sie dienten sozusagen als seine Eintrittskarte in den Beraterkreis des Fürsten.[3] In der *zhanguo*-Periode (453-221 B. C.), die, wie der Name besagt, von kriegerischen Zusammenstößen widerhallte, wurde das *bingfa* über die gesamte chinesische Oikumene verbreitet, es gehörte zur Pflichtlektüre aller, die etwas mit Staat und Politik zu tun hatten, etwa wie Machiavellis *Il Principe* während der Renaissance.

2. CLAUSEWITZ UND SEINE UMGEBUNG

Carl von Clausewitz wächst in eine Gesellschaft hinein, in der Politik und Krieg seit längerem schon eine enge Verbindung eingegangen sind. Er ist Kind einer Umbruchphase von historischen Dimensionen (1790-1815), in der die politische Landkarte Europas durch die Wirren der Französischen Revolution und danach durch die Napoleonischen Kriege mittels militärischer Gewalt bis zur Unkenntlichkeit verändert wurde.[4]

Er entstammt einer typisch preußischen Militäradelsfamilie, fast sämtliche männlichen Familienmitglieder tragen oder trugen den

---

[1] Eine Minderheit nimmt 496 B. C. als Todesjahr an.

[2] Dies geschieht etwa um das Jahr 510 B. C.

[3] Der Fund von Yinqueshan 銀雀山in Shandong (1972 ff.) war ein archäologischer Glücksfall, der sich den Entdeckungen von Mawangdui (馬王堆Hunan) und Guodian (郭店in Hubei) ebenbürtig zur Seite stellt. Der in den Grabanlagen aufgefundene Text des bingfa 兵法 stammt aus der Regierungszeit von Han Wudi (漢武帝reg. 141-87 v.Chr). Das auf Bambus geschriebene Werk enthält dreizehn Kapitel, fünf weitere, sehr fragmentarisch, weisen einen anderen Stil auf, und stammen sicher nicht von Sunzi. Was den Beweis erbringt, daß weitere Kapitel Zusätze einer späteren Periode sind.

[4] Clausewitz wird 1780 geboren; er fiel 1830, erst fünfzigjährig, einer Seuche (Cholera) zum Opfer, der im selben Jahr auch G. W. F. Hegel erlag. Sein Werk blieb unvollendet und wurde von seiner Frau, geb. Gräfin Brühl, herausgegeben.

Waffenrock des preußischen Königs. Schon sein Vater hatte unter Friedrich dem Großen gedient und den Siebenjährigen Krieg (1756-1763) in wichtiger Position mitgemacht, und er selbst bewegte sich von Jugend an auf den Kriegsschauplätzen Europas. Als Napoleon 1806 gegen Preußen mobil macht, kämpft Clausewitz als aktiver Offizier in der vordersten Linie. Sein Freund, Neidhardt von Gneisenau, rühmt den persönlichen Mut, mit dem er sich ohne Rücksicht auf Leib und Leben ins Kampfgewühl stürzte.

Im Schicksalsjahr 1812 unterstützt er das zaristische Rußland gegen die Invasion der napoleonischen *Grande Armée*. Für seine herausragende Tapferkeit bei Borodino,[5] der mit Abstand blutigsten Schlacht des Rußlandfeldzugs, erhielt er den „Orden vom Goldenen Schwert."[6]

Ohne Zweifel, Krieg war für Clausewitz Gegenstand der Reflexion erst in zweiter Linie; zuallererst bedeutete das Kriegsgeschehen für ihn ein den Menschen in den Tiefen aufrüttelndes *existentielles Erlebnis* – wie es einhundert Jahre später *Ernst Jünger* geschildert hat.[7] Es ist daher verständlich, wenn sich sein Schreibstil im Kapitel über „*Die Kühnheit*"[8] zu beinahe dichterischem Glanze aufschwingt. Hören wir ihn selbst:

> „*Aber diese edle Schwungkraft, mit der die Seele sich über die drohendsten Gefahren erhebt, ist im Krieg als ein eigenes, wirksames Prinzip zu betrachten … Die Kühnheit ist vom Trossknecht und Tambour bis zum Feldherrn hinauf die edelste Tugend, der rechte Stahl, welcher der Waffe ihre Schärfe und ihren Glanz gibt.*"[9]

---

[5] Bei diesen mehrtägigen Kämpfen vor den Toren von Moskau kamen auf beiden Seiten ca. 80.000 Mann ums Leben. Erst in der Somme Schlacht von 1916 gab es wieder Tagesverluste von ähnlicher Höhe!

[6] Es sagt einiges über Person und Fähigkeit aus, daß Clausewitz mit nur 38 Jahren der jüngste General in der preußischen Armee wurde.

[7] Etwa in seinem bekanntesten Werk *In Stahlgewittern. Aus dem Tagebuch eines Sturmtruppführers* (1920), und: *Der Kampf als inneres Erlebnis* (1922).

[8] Op. cit., Buch III, Kapitel 6, S. 193 ff.

[9] Ibd., S. 193. In einem Brief an einen Freund lesen wir: „In der Schlacht überkommt uns eine hohe Begeisterung, wir sehen uns als Teil einer als ideal empfundenen Gemeinschaft. Ich kenne kein größeres Glück." (Brief an N. v. Gneisenau, Sommer 1811).

Kampf ist sein Lebenselement, die Armee seine Heimat. Natur und Geschichte, so sagt er im Hauptwerk, zeigen dem Beobachter, daß alles Leben mit Kampf verbunden ist: jeder versucht, dem anderen sein Gesetz zu geben,[10] und der Schwächere muß überall weichen.

Der Leser, der Clausewitz' Buch vom Kriege zur Hand nimmt, trägt den entschiedenen Eindruck davon, daß der Verfasser beim Schreiben seine eigene Sache behandelt. Hier redet ein Vollblutmilitär.

3. GEDANKEN, DEN VERGLEICH DER BEIDEN AUTOREN BETREFFEND

Die Gesamtausgabe des Buches *Vom Kriege* umfaßt nahezu eintausend Seiten. Da ist Raum genug für minutiöse Angaben über Festungen jeder Art (S. 466 ff.), über Verteidigung von Morästen und Wäldern (S. 528-526), es gibt ein eigenes Kapitel über Flankenstellungen (S. 485 ff.) und selbst eine Überlegung, die Volksbewaffnung betreffend (S.569 ff.).

Nirgendwo aber berührt der preußische Generalstabsoffizier die Frage der Kriegskosten und die daraus sich ergebende Belastung für die Bevölkerung, die zur Verelendung ganzer Landstriche führen kann. Man denke an die furchtbaren Folgen des Dreißigjährigen Krieges, wie sie etwa Ricarda Huch in ihrem Meisterwerk *Der Große Krieg in Deutschland*[11] beschreibt.

In seiner berühmt-berüchtigten Rede vor dem preußischen Abgeordnetenhaus vom 30. September 1862 hat *Otto von Bismarck* festgestellt, daß die großen Fragen der Politik nicht durch Reden gelöst werden, sondern durch „Blut und Eisen" – also durch Krieg. Clausewitz hätte dieser Auffassung des geschichtlichen Lebens sein *placet* gegeben.[12]

---

[10] Siehe die Ausführungen bei Carl von CLAUSEWITZ, *Vom Kriege*. Vollständige Ausgabe. Nikol Verlag, Hamburg 2020, S. 30-31. Und dies eine ganz Generation vor Darwin`s *Origin of Species* 1859.

[11] Ricarda HUCH, *Der Grosse Krieg in Deutschland* (i.e. der Dreißigjährige Krieg). Insel Taschenbuch 22 und 23, Frankfurt am Main 1974.

[12] Es ist vielleicht wert, notiert zu werden, daß der Eiserne Kanzler neben Eckermann, *Gespräche mit Goethe* auch Machiavelli und Clausewitz auf dem Schreibtisch seines Arbeitszimmers stehen hatte.

Bei Sunzi herrscht eine weit weniger positive Einstellung, das Thema Krieg betreffend. Vielmehr betont er durchgehend dessen problematische Seiten.

Seine *bingfa* streut immer wieder Informationen über die horrenden Kosten von militärischen Unternehmungen in den laufenden Text ein. Der Autor scheut sich nicht, die schlimmen Folgen einer solchen Politik für das Gros der Bevölkerung darzulegen.

Gleich zu Beginn des Zweiten Buches gibt der Autor ein Zahlenbeispiel dafür, was es finanziell heißt, eine Armee auszurüsten:

„Die Regeln der Kriegsführung legen fest, daß man für tausend schnelle Streitwagen, und ebenso viele schwere Karren (für den Transport), sowie hunderttausend gepanzerte Soldaten, plus Vorräten, die für eine Kampagne von tausend li (ca. 500 km) ausreichen sollen, weiter die Ausgaben zu Hause und an der Front, einschließlich der Unterhaltung der diplomatischen Gäste, und der zur Reparatur der Streitwagen und Rüstungen nötigen Summen, – daß man also für all dies zusammen etwa 1000 Unzen Silber pro Tag benötigt. Dies sind die Kosten für die Aufstellung einer Armee von 100.000 Mann." (II, 1).

Es folgt eine Diatribe gegen den „langen Krieg", den Sunzi als Land- und Volksverderber schlechthin betrachtet und scharf kritisiert.[13] Ein sich hinziehender militärischer Konflikt mache alle arm, Staat und Volk gleichermaßen. Hier einige charakteristische Aussagen, die Clausewitz nie in die Feder geflossen wären:

„Leere Staatskassen bedeuten, dass die Armee gezwungen ist, aus dem Lande zu leben.[14] Die langen Transportwege führen zur Verarmung der Menschen. Wo immer die Armee ihre Quartiere aufschlägt, steigen die Preise; und hohe Preise führen dazu, dass die Geldreserven der

---

[13] „Denn es gibt keinen langen Krieg, der einem Land Vorteile brächte". (II, 5) (夫兵久而国利者,未之有也。)

[14] Diese Weisheit gilt natürlich auch in Europa. Friedrich der Große, dessen Länder wenig hergaben, machte es sich zur Regel, „sein Heer so viel als möglich auf Kosten des Auslandes stark zu erhalten." (Carl von CLAUSEWITZ, *Vom Kriege*, op.cit., S. 318). Für die neueren Heere gilt ganz allgemein „die Beitreibung der Lebensmittel an Ort und Stelle" (Op. cit., S. 35), will heißen, dort wo die Marschkolonnen gerade durchziehen.

Bevölkerung schwinden. Diese Lage zwingt den Staat, zusätzliche drückende Dienstleistungen 丘役 zu verlangen." (II, 9).

Und weiter, diesmal mit genauen Prozentangaben, die Sunzi's starkes Interesse an Fragen der politischen Ökonomie und der Staatsfinanzen bezeugen:

„Wenn die Lebensmittel auf dem Schlachtfeld verbraucht werden, dann wird sich der Volkswohlstand um siebzig Prozent vermindern. Die Ausgaben des Staates für das gesamte Kriegsgerät wie Streitwagen und Pferde, und für die Waffen wie Harnisch, Lanzen, Schilde, sowie für die Ochsengespanne der schweren Lastkarren, haben zur Folge, daß sich der Staatsschatz um sechzig Prozent verringert." (II, 10).

„Wenn man eine Armee von hunderttausend Mann aufstellt, um über weite Entfernungen hin Krieg zu führen, dann ist dies eine schwere Belastung für das Volk und die Kosten für die Staatskasse betragen etwa tausend Silberunzen pro Tag. Im Lande und auswärts wird es Unruhe geben. Mindestens 700.000 Familien sind unterwegs (um die Armee zu unterstützen), und können nicht ihrer normalen Beschäftigung nachgehen.[15]" (XIII, 1).

Und zusammengefaßt:

„Wenn bei einem Feldzug der Sieg zu lange auf sich warten läßt, so werden die Waffen stumpf und die Begeisterung der Soldaten schwindet. Wenn man eine lange Belagerung von Städten unternimmt, dann werden die Hilfsmittel zunehmend erschöpft. Wenn der Feldzug sich in die Länge zieht, werden die Mittel des Staates nicht mehr ausreichen." (II, 2)

Nach zwei, drei Jahren Krieg ist die Masse der Untertanen verarmt, alle Ersparnisse müssen für die ständig steigenden Lebensmittelpreise ausgegeben werden. In dieser Lage kann die Regierung keine zusätzlichen Steuern mehr erheben, sie muß vielmehr unmittelbar auf Mensch und Material zugreifen.

---

[15] Gemeint sind hier vor allem die Bauern, die zu *corvée* Diensten herangezogen werden, und deshalb ihre Felder nicht bestellen können – wodurch die Erträge leiden und die Lebensmittelpreise in die Höhe steigen.

Die beiden Zeichen 丘役 (qiuyi) verdienen unsere Beachtung. Sie bezeichnen das, was man im abendländischen Mittelalter unter *corvée* oder Hand- und Spanndienste / Frohnden verstand. Diese waren der feudal gebundenen Bauernschaft stets besonders verhaßt gewesen.[16] In Kriegszeiten hieß das unter anderem, daß jedes Dorf soundsoviele Karren Lebensmittel als Nachschub für die Armee zur Verfügung stellen mußte – unentgeltlich natürlich. Die Gespanne, Zugtiere und Treiber fehlten dann in den Dörfern, eine Zusatzbelastung, die geeignet war, die sowieso schon prekäre Lage der Kleinbauernschaft weiter zu verschärfen – bis zu dem Grade, daß es im Hinterland zu Unruhen kommt – Sunzi verwendet dafür die Zeichen 騷動 (saodong), was im *Matthews* als „to excite, to stir" wiedergegeben wird; gemeint sind aufrührerische, sozialrebellische Verhaltensweisen.

Die sinitische Irrigationskultur bewegte sich eben auf dünnem Eis: das offizielle Geschichtswerk über die Vordere Handynastie (202 v. Chr. bis 9 n. Chr.), das *Hanshu* 漢書, sagt in seinem ökonomischen Teil frei heraus, daß eine durchschnittliche Bauernfamilie bei den allfälligen Abgaben für Pachtland und Steuern, eingerechnet die *corvée* Dienste, selbst in „guten Jahren" ohne Gewinn und Verlust gerade so durchkommt, ohne Schulden machen zu müssen. Ganz im Gegensatz zu Europa, wo das Vorhandensein von Großviehhaltung und ausgedehnter Weidewirtschaft (*saltus*) neben den Getreidefeldern (*ager*) den Bauern in schlechten Erntejahren über die Runden halfen.[17] Das klassische China war „ein Land ohne Reserven" (Braudel) und dieser Zustand findet in Sunzis *Strategie der Kriegsvermeidung* ihr literarisches Echo.

Wie oben bereits erwähnt, ist der hingezogene Krieg die *bête noire* des Autors. Ein Stratege, der eine solche Aktion zu verantworten

---

[16] Das gilt selbstverständlich auch im Okzident, siehe detailliert bei: Marc BLOCH, *La Société féodale*. Albin Michel, Paris ³1968.

[17] Fernand Braudel nennt deshalb Europa einen *„bevorzugten Kontinent."* (Siehe: Fernand BRAUDEL, *Sozialgeschichte des XV. bis XVIII. Jahrhunderts: Der Alltag.* Kindler Verlag, München 1985, S. 207ff.). Braudel zitiert einen jesuitischen Missionar der Qianlong-Epoche (1736-1796) wie folgt: „Der Bevölkerungsüberschuß, von dessen nachteiligen Folgen die modernen Philosophen Europas keine Ahnung haben, zwingt die Chinesen, auf Rinder und Viehherden zu verzichten, da das verfügbare Land allenfalls für die Ernährung der Menschen ausreicht." (Op. cit., S. 208).

hat, verdient seinen hohen Namen nicht. Lange Feldzüge zu führen, bringt große Gefahren für Land und Volk mit sich, denn:

„Unter solchen Umständen ist selbst ein begabter Heerführer nicht mehr in der Lage, den Schaden wieder gut zu machen." (II, 3).[18]

Also gilt als strikte Handlungsanweisung:

„Deshalb muß ein schneller Sieg die oberste Devise sein" (II, 13).

Die in diesem Zusammenhang verwendete Metaphorik benutzt Bilder, die allesamt aus der Welt des Blitzkriegs stammen. Offensichtlich kommt es Sunzi darauf an, die Feindseligkeiten so rasch wie möglich zu beenden. Im Gegensatz zu Clausewitz gehen ihre politischen und sozialen Kosten in sein Gesamtkalkül ein, er weiß aus Erfahrung, wie leicht das „Mandat des Himmels" 天命 verspielt werden kann. Im Folgenden einige Beispiele:

„Der Aufprall gleicht dem Sturzbach, der selbst die großen Steine fortreißt." (V, 12)
„Dieser Zusammenstoß gleicht dem Moment, wenn der Falke sich auf seine Beute stürzt." (V, 13)
„Deshalb wird der Aufprall, den ein guter Feldherr herbeiführt, tödlich und blitzschnell sein." (V, 14).

Hat aber eine Verkettung von ungünstigen Umständen dazu geführt, daß der Ausbruch eines Krieges doch unvermeidlich wird, kennt der Meisterstratege nur das eine Ziel: den Feind durch eine konzentrierte Ballung der eigenen Kräfte an seiner schwächsten Stelle „tödlich" zu treffen. Alles Weitere ist dann Diplomatie, die Sunzi eindeutig höher bewertet als den direkten Kampf:

„Die höchste Führungskunst zeigt sich auf der Ebene der Strategie; eine Stufe tiefer rangiert die Diplomatie; noch tiefer steht der eigentliche

---

[18] Der Satz in II, 7 schlägt in die gleiche Kerbe: „Ein erfahrener Kommandant wird es nicht nötig haben, Soldaten zum zweiten Mal auszuheben". Wer zur Zunft gehört, wer sein Handwerk versteht, der führt seine Männer nur einmal in die Schlacht. Wer aber ein zweites Mal kämpfen muß, der ist ein Stümper.

militärische Kampf; und zuunterst kommt die Belagerung befestigter Städte." (III, 3).

Doch auch der rasch beendete, und deshalb „billige" Krieg ist nur die zweite Wahl. Der wirklich große Stratege setzt sich das Ziel eine Sprosse höher: er will durch seine Künste den Krieg überhaupt vermeiden:

„Kein Wutanfall dauert ewig, und danach wird man sich wieder freuen; und wer sich heute ärgert, der wird morgen wieder frohen Mutes sein. Aber einen Staat, der zu Grunde gegangen ist, kann man nicht wiederaufrichten. Auch die toten Soldaten kann man nicht wieder zum Leben erwecken. Darum wird ein erleuchteter Herrscher höchste Vorsicht walten lassen (wenn es um das Kriegswesen geht)" (XII, 10).

Sunzi sagt: *„Die Kunst der Kriegführung besteht darin, das Feindesland ohne Kampf zur Kapitulation zu zwingen; das Land mit Gewalt zu zerstören, ist nur eine schlechte Alternative."* (III, 1)
„Daher wird der kluge Feldherr die gegnerischen Truppen ohne Kampf besiegen, und er wird die Städte ohne Belagerung einnehmen. Er wird den feindlichen Staat ohne langwierige Kämpfe gewinnen.
Wenn man auf diese Weise die eigenen Truppen möglichst geschont hat, dann kann man mit der intakten Armee das ganze Land pazifizieren. Dies ist das oberste Ziel aller strategischen Überlegungen." (III, 6)
„Deshalb kann die Devise ‚hundert Schlachten und hundert Siege' 百战百胜 *nicht das oberste Ziel der Kriegsführung sein. Als oberstes Ziel muß vielmehr gelten, die gegnerischen Truppenverbände ohne Kampf zu neutralisieren."* (III, 2).

Im krassen Gegensatz dazu heißt es bei Clausewitz: *„Das Gefecht ist die eigentliche kriegerische Tätigkeit, alles Übrige ist nur Träger derselben."*[19]
Im obigen Zitat (III, 2) findet sich der entscheidende Satz, der den Schlüssel zu Sunzi's politischer und, man möchte sagen, proto-

---

[19] Carl v. CLAUSEWITZ, *Vom Kriege*, op. cit., Viertes Buch, drittes Kapitel (*Vom Gefecht überhaupt*), S. 237. Das breit angelegte Werk handelt eigentlich nur davon, wie man es schafft, Gefechte/Schlachten zu gewinnen und den Gegner zu schlagen.

konfuzianischer Einstellung enthält: *K e i n K r i e g i s t d e r b e s t e K r i e g*. Auch eine gewonnene Schlacht bringt Blutvergießen, menschliches Leiden und hohe Kosten mit sich. Ein Herrscher, dem Staatswohl 保国 und Volkswohl 保民 ernsthaft am Herzen liegen, wird alles daransetzen, den eigentlichen Krieg durch eine kluge und vorbeugende diplomatische Tätigkeit zu vermeiden.

Es soll nochmals unterstrichen werden, daß in diesen Worten der *punctus puncti* liegt. In Clausewitz' *Vom Kriege* wäre ein Ausspruch wie in *bingfa* III, 2 ein Fremdkörper, er würde dem Geist dieses Werkes schlichtweg widersprechen. Es ist überhaupt so, daß die Mehrzahl der Westler Sunzi mit dem Satz: *„In hundert Schlachten hundert Siege"* in Verbindung bringt. Dies entspricht dem Bilde, das man sich gemeinhin von der Tätigkeit eines erfolgreichen Generals macht: er soll den Schlachtensieg herbeiführen, etwa wie Hindenburg bei Tannenberg. Wenige haben den Sunzi-Text wirklich durchgesehen, noch weniger sind dabei bis zur oben angeführten Stelle vorgedrungen.

Diese Worte, die vom Ziel der Kriegsvermeidung reden, werden sie fremd berührt haben, denn der Geist der daraus spricht, kommt aus den Tiefen einer Kultur, die sich im pazifistisch orientierten Beamtengelehrtentum des kaiserlichen China ihre historische Gestalt gab. Während der Okzident, seit dem „Πόλεμος πάντων μὲν πατήρ ἐστι"[20] des Heraklit dem Mars gehuldigt hat.

Der in der *bingfa* vorgestellte Stratege ist ein Meister der Antizipation. Lange bevor sich der Konflikt über den politischen Horizont schiebt, hat er sein Netz von Agenten in Position gebracht, die ihn minutiös über Stärken und Schwächen der potentiellen Kontrahenten unterrichten.[21] Er studiert die topographischen Besonderheiten

---

[20] *„Der Krieg ist der Vater aller Dinge."* (Heraklit von Ephesos., ca. 520-460 B. C.).

[21] Das ganze dreizehnte Buch des *bingfa* ist dem Problem der Spionage gewidmet. Der Meisterstratege ist auch ein Meister der Informationsbeschaffung. Seiner charismatischen Ausstrahlung gelingt es, enttarnte gegnerische Spione umzudrehen und fortan für sich arbeiten zu lassen. – In unserer Kultur reicht nur Richelieu an Sunzi heran, der seine Späher an allen wichtigen Höfen Europas hatte. Er gleicht Sunzi's Meisterstrategen auch darin, daß er stets im Hintergrund bleibt, und seine militärischen Schachfiguren (wie z. B. Bernhard von Weimar) von seinem Schreibtisch im Louvre aus dirigiert. Siehe die umfassende Darstellung bei: Carl Jacob Burckhardt, *Richelieu. In Vier Teilen*. Callwey, München, 1935-1967.

der Landesnatur, und versteht es, durch das Ausstreuen gezielter Falschmeldungen, den Feind genau auf das vom Strategen ausgewählte Terrain zu locken. Von einer Anhöhe aus überblickt er das militärische Schauspiel, das zu seinen Füßen abrollt. Er berechnet die Kräfteverhältnisse der hier massierten Einheiten, um dann seine Truppen so meisterlich zu positionieren, daß es gar nicht zum Gefecht kommt, weil nämlich der in die Enge getriebene gegnerische Feldherr, der seine Unterlegenheit erkennt, den ungleichen Kampf aufgibt.

Hier nochmals der Unterschied in aller Klarheit: bei Clausewitz dienen die getroffenen sorgfältigen Vorbereitungen nur dem einen Zweck: beim unvermeidlich eintretenden Gefecht alle Vorteile, alle Trümpfe auf der eigenen Seite zu haben.[22] Während der chinesische Stratege enorme Anstrengungen unternimmt, um eine Position zu gewinnen, die den gegnerischen Feldherrn zu Aufgabe zwingt: *er siegt, bevor es noch zur eigentlichen Schlacht kommt.* Clausewitz' General will die heraufziehende Schlacht *gewinnen* – ohne sich um die entstehenden Kosten zu kümmern. Denn das ist nicht sein métier, darum sollen sich die Politiker kümmern!

4. Das klassische China

Sunzis Stratege dagegen handelt mit dem Ziel der Schadensbegrenzung, genauer: der Schadensminimierung. Denn er agiert im Kontext einer Gesellschaft, die unter einem enormen demographischen Druck steht: die *man-land-ratio* ist nie gut und verschlechtert sich im Laufe der Dynastien – zu viele Menschen bei insgesamt zu wenig gutem Boden, i. e. bewässerungsfähigem Reisland.[23] China leidet deshalb, von der Antike bis in die späteste Kaiserzeit, unter einer *strukturellen Instabilität* – das Abgleiten in den bäuerlichen Aufstand ist nie fern, und bedroht als Damoklesschwert die gesamte politische Kultur.

---

[22] Siehe dazu die Ausführungen in CLAUSEWITZ, op.cit., Viertes Buch: Das Gefecht, S. 235 ff.

[23] Wobei die „grandiose Einseitigkeit" (Mark Elvin), d. h. die nahezu monokulturelle Konzentration auf die Reispflanze, eine weitere und künstliche Landverknappung herbeiführt.

Die Antwort der altchinesischen Intelligenz auf dieses *factum brutum* war eine allmähliche Annäherung an konfuzianische, genauer: menzianische Lehrmeinungen. So wurde gefordert, daß alle Steuern, Abgaben und Dienstverpflichtungen niedrig gehalten werden sollten; da der fiskalisch abschöpfbare Mehrwert so klein sei, müßten alle zusätzlichen Belastungen vermieden werden. Es wurde *communis opinio,* anzunehmen, daß kriegerische Unternehmungen, vor allem wenn sie sich in die Länge zogen, eine Landwirtschaft ruinieren würden, die wesentlich aus bäuerlichem Klein- und Kleinstbesitz (Minifundien) bestand. Betrieben mit 30 mou (= 4 Hektar), die selbst in guten Jahren am Existenzminimum lavierten. Das menzianische 保民而王 wurde zum Testfall der politischen Herrschaft. Will heißen: niemand hat das Recht, sich legitimerweise König (oder später: Kaiser) zu nennen, der nicht bereit ist, das Volk zu schützen. Und „Volk" das waren im alten China zu über neunzig Prozent die *nongren* 农人, also die Bauern.

Die langen Perioden innerer Ruhe unter dem Schutzdach des sinitischen Verwaltungsstaates führten, bei der gegebenen hohen Fertilität, innert weniger Generationen zu einem enormen Druck auf das Land. Die Beamtengelehrten erkannten, daß eine hohe Staatsquote den sozialen Frieden gefährden würde. Die regulären Steuern mußten niedrig sein, fiskalische Sonderbelastungen sollten unbedingt vermieden werden.[24] Die größten Sonderbelastungen aber waren bekanntermaßen mit dem Kriegsführen verbunden. Nicht zufällig nannte sich diese administrative Elite „wenren" 文人, also die „Zivilisten", sie definierte sich als Gegensatz zu allem, was dem Militärstand (wu: 武) zugehörte. Der Mandarin reitet nicht zu Pferd, sondern läßt sich in einer Sänfte tragen; er führt kein Schwert, sondern den Pinsel, den er sowohl für die amtliche Tätigkeit, als auch für seine literarische Produktion benutzt – kurz, er verwaltet das Land mit der Kraft seiner „zivilen Tugend" (wende: 文德).

Die kriegerisch-expansionistischen Kräfte, wie legistisch den-

---

[24] Schon das nackte Eigeninteresse mußte die Beamtenschaft zur Übernahme der konfuzianischen „ren zheng" 仁政 Politik führen. Die geschichtliche Erfahrung lehrte, daß der chinesische Bauer nicht zögerte, einer Dynastie das *Mandat des Himmels* (天命) zu entziehen. Soziale Unruhen trafen aber immer zuerst die landsässige Grundbesitzerschicht – also die Klasse, aus der sich die überwiegende Mehrheit des Mandarinats rekrutierte.

kende Kanzler, Hofeunuchen und Militärcliquen, wurden seit der Vorderen Han in ein starkes konfuzianisches Regelwerk eingebunden. Unter der Ägide der *Rujia* 儒家 erfolgte die Ausweitung der nordchinesischen Kernlande zum Großreich mit erstaunlich wenig Gewalt.[25] Der Süden erlebte zwischen dem Ende der Qinzeit und dem Fall Tangdynastie, also in gut eintausend Jahren, mehrere massive sinitische Besiedlungsschübe, wodurch die alten thai-burmesischen Ethnien in Richtung Südostasien abgedrängt oder von der überlegenen Kultur assimiliert wurden. Der immense Raum der Westgebiete 西域 bietet ein weiteres Beispiel einer *pénétration pacifique*. Die zahlreichen Oasenstaaten entlang der Seidenstraße wurden durch eine konsequente Matrimonialpolitik an den Drachenthron von Chang` angebunden.[26] Was sich seit der Handynastie ausbreitet, wird man korrekt als *informal empire* bezeichnen.[27] Der Kaiser

---

[25] In einer 547 n. Chr. erschienenen Beschreibung von Luoyang steht zu lesen: „In den weiten Gebieten, die sich zwischen dem Pamir-Gebirge und den Grenzen des Römischen Reiches erstrecken, liegen zahlreiche Fürstentümer und Stadtstaaten. Sie alle waren bereit, Chinas Oberherrlichkeit anzuerkennen. … Das Reich der Mitte erschien als das wahre Zentrum der Welt. Die Zahl derer, die die chinesische Lebensform annehmen wollten, wurde unschätzbar groß." In: 范祥雍：洛陽伽藍記校注 Shanghai 1958, S. 151.

[26] Man denke hier an die Teilstaaten der koreanischen Halbinsel, die ihre chinesische Färbung auch dann beibehielten, nachdem die Reichsgrenzen zurückwichen. Als Tokyo um 1880 Korea in ein japanisches Protektorat umwandeln wollte, gab die große Mehrheit der Koreaner ihren Willen kund, unter dem Schutzdach der chinesischen Souzeränität verbleiben zu wollen.

[27] Die sieben Ausfahrten zur Zeit des Yongle 永樂 Herrschers (reg. 1402-1424), die in den nanyang 南洋 (= den südostasiatische Raum) und weiter an die ostafrikanische Swahili-Kuste führten, erfolgten zeitgleich mit den portugiesischen Unternehmungen Heinrichs des Seefahrers. Doch welch ein Unterschied! Lissabon strebte nach dem Gold der Guineaküste und den Gewürzen der Molukken. Die chinesischen Schatzschiffe (baochuan: 寶船), voll beladen mit Geschenken, segelten in einer immateriellen Mission: sie sollten den einheimischen Potentaten Größe und Glanz der Ming vor Augen führen, und sie dazu bewegen, die rituelle Oberherrlichkeit des Drachenthrones anzuerkennen. Das kontrastiert sehr zum Stil etwa von Albuquerque, dessen schwer bewaffnete Karacken Goa beschossen, und den Sultan von Bijapur *manu militari* zwangen, diese reiche Hafen- und Handelsstadt an Portugal abzutreten (1510). C. R. Boxer, der beste Kenner dieser Materie, gebraucht die Worte „brute force" und „complete ruthlessness", um die lusitanische Vorgehensweise zu kennzeichnen. (Siehe: Charles R. BOXER, *The Portuguese Seaborne Empire 1415-1825*. Carcanet, Lissabon ²1991, p. 46).

regiert diesen lockeren Verband kraft einer Staatsmetaphysik, die ihm eine Stellung als „Sohn des Himmels" (tianzi: 天子) zuweist. So verfaßt, und von den Beamtengelehrten besonnen und effektiv verwaltet[28], konnte der konfuzianische Ritualstaat den umliegenden Völkern und Stämmen ein Weltalter lang Beispiel und Bild geben.[29] Ren Jiyu 任继愈, der bedeutende neukonfuzianische Gelehrte, hat zusammengefaßt:

> „*China gewann seine hegemoniale Position nicht durch militärische Macht, sondern kraft der Evidenz eines gesteigerten Lebens, das die Randvölker auch ohne Kampf, gleichsam durch die kulturelle Verlockung, in die Oikumene hineinführte.*"[30]

Und wie steht es mit der Sicherung nach außen? Das Reich der Mitte war ein „historisches Unikat" (W. Bauer), es stand in der asiatischen Sphäre konkurrenzlos allein. Wieder und wieder stürmten die Steppenkrieger über die Konfinien des Reiches ins Kernland der achtzehn Provinzen, wieder und wieder brach sich die Welle des nomadischen Militarismus an den kulturalistischen Klippen. Dreißig, fünfzig Jahre vergingen, und das Ethos der Stammesaristokratie er-

---

[28] Die jesuitischen Patres, die seit der späten Ming fast zweihundert Jahre in China residierten, spendeten in ihren Berichten nach Rom und Paris der chinesischen Verwaltungspraxis hohes Lob. Besonders hervorgehoben wird die administrative Kompetenz, wenn es darum geht, die Ernährung des Volkes bei den periodisch auftretenden Naturkatastrophen (Dürre, Flut) sicherzustellen. Siehe die umfassende Darstellung bei: Pierre-Etienne WILL, *Nourish the People. The State Civilian Granary System in China, 1650-1800.* University of Michigan Press, Ann Arbor 1991.

[29] Pang Pu 庞朴 schreibt über die synthetisierende Integrationskraft des chinesischen Kulturmodells: „China hat über lange Zeiträume hinweg den konfuzianischen Genius der Ausgleichung weiterentwickelt. Aus alldem ist schließlich jener Geist der chinesischen Kultur erwachsen, der sich in konzentrischen Ringen ausdehnte und das Denken von Asien maßgebend bestimmte." (庞朴, 一分为三：中國傳統思想考释. Shenzhen 1995, S.321).

[30] Siehe Liu PEIGUI, „Zusammenfassender Bericht zum Internationalen Menzius-Symposium", In: *Konfuzianismusstudien* 4 (1994), S. 127. Matthew Arnold etwa definierte Kultur als „sweetness and light". Diese Vorstellung einer kulturellen Süße, die allen Menschen zum Wohle gereicht, findet sich in der gängigen chinesischen Redewendung ausgedrückt: *Taoli man tianxia* 桃李满天下, will heißen: die Pfirsiche und Pflaumen (der Kultur) bereichern die ganze Welt.

lag dem Sog der *Great Tradition*; eine leise, aber durch nichts aufzuhaltende Sinisierung machte, wenn nicht aus den Kriegern selbst, so doch aus ihren Söhnen und Enkeln, Politiker und Verwalter, die sich in ihren Handlungen nach den Vorschriften der konfuzianischen Staatslehre richteten. Als cause célèbre gilt das Beispiel des Kangxi 康熙-Herrschers (reg. 1662-1722). Sein Großvater Abahai war der Inbegriff des tungusischen Großkhans, der die Schriftzeichen als bloßes „Gekrakel" verachtete; der Enkel wurde zum konfuzianischen Modellherrscher schlechthin. Pater Verbiest, S.J., der zum engeren Beraterkreis um den jungen Kaiser zählte, ist voll des Lobes für dessen humane Politik – seit der frühen Ming war die fiskalische Abschöpfung nicht mehr so niedrig gewesen. Als Mäzen der Gelehrsamkeit gab er das literarische Großunternehmen der Ming Geschichte in Auftrag und ließ das *kangxi zidian* 康熙字典 erstellen, das mit knapp fünfzigtausend Zeichen umfassendste Repositorium der chinesischen Schriftsprache. Kurz nach der Thronbesteigung (1670) erließ er, als kaiserlicher Pontifex und mit Blick auf die amtliche Kultversorgung, das „Heilige Edikt" *shengyü* 聖諭, das in sechzehn elegant formulierten Sentenzen den konfuzianischen Tugendkatalog paraphrasiert. Die Kreisbeamten waren gehalten, dieses dem alttestamentarischen Dekalog ähnelnde Schriftstück, zwei Mal im Monat öffentlich zu verlesen.

In dem denkwürdigen Streitgespräch zwischen *Sima Guang* (司馬光 1019-1086) und dem Reformpolitiker *Wang Anshi* (王安石 1021-1086), das 1068 im Beisein des *Shenzong* 神宗 Herrschers stattfand, lehnte der konservative Historiker die Aufstockung der Grenztruppen mit dem Argument ab: „Die Kultur verteidigt sich selbst." Der Verlauf der chinesischen Geschichte hat ihm Recht gegeben.

Abschließend noch einige Zitate aus Max Webers Religionssoziologie. In seiner langen Abhandlung zum konfuzianischen China lesen wir:

> *„Aber seit der Herrschaft der Literaten – also seit der Han-Dynastie – war die zunehmend pazifistische Wendung der Ideologie naturgegeben."*[31]

---

[31] Siehe: Max WEBER, *Gesammelte Aufsätze zur Religionssoziologie*. Band I, J. C. B.

Und:

> *„Die tiefe Befriedung des Landes, zumal seit der Mongolenherrschaft, hat diese Stimmung sehr gesteigert. Das Reich wurde nunmehr ein Reich des Friedens ... Die Armee war im Verhältnis zu seinem Umfang schließlich geradezu winzig geworden."*[32]

Weiter:

> *„Das konfuzianische, letztlich p a z i f i s t i s c h e* (gesperrt im Original)*, an innenpolitischer Wohlfahrt orientierte Literatentum stand natürlich den militärischen Mächten ablehnend oder verständnislos gegenüber."*[33]

Und nochmals:

> *„Die ‚Vernunft' des Konfuzianismus war ein Rationalismus der Ordnung. Und sie war eben deshalb essentiell pazifistischen Charakters. Diese Eigenart hat sich historisch ständig gesteigert, bis Kaiser Qianlong* 乾隆 *um 1740 den Satz schreiben konnte: ‚Nur wer kein Menschenblut zu vergießen trachtet, der kann das Reich zusammenhalten'."*[34]

Dies mag genügen, um dem Leser die irenische Grundstimmung der chinesischen Kultur und Gesellschaft zu veranschaulichen, – in der es immer wieder und an erster Stelle um „die sozialethische Fürsorge für die Ernährung der Massen" ging.[35] Kriegerische Unternehmungen, und die damit unweigerlich verbundene Belastung der bäuerlichen Massen aber sabotierten diese oberste Zielsetzung.

Mohr, Tübingen 1920, S. 303.

[32] Op. cit., S. 403. Max Weber benutzt auch den Begriff des „pazifistischen Weltreichs". Zum Vergleich Machiavelli, der lapidar feststellt: „Die wichtigsten Grundlagen, die alle Staaten haben müssen, sind gute Gesetze und ein gutes Heer." (N. MACHIAVELLI, *Der Fürst.* Kröner Verlag, Stuttgart ³1963, S. 49). Über einen Staat „mit winzigem Heer" hätte der Florentiner nur gespottet.

[33] Op. cit., S.429.

[34] Op. cit., S. 457.

[35] Op. cit., S. 436.

Sunzis Theoretisieren über den Krieg, das sich, wie oben angeführt, streckenweise wie eine Anleitung zur Kriegsvermeidung liest, gehört in jenen Kreis der proto-konfuzianischen Intellektuellen des Staates von Qi, die sich bewußt der Militärdespotie von Qin entgegenstellten – womit sie sich als direkte Vorläufer der oben geschilderten, anti-militaristisch ausgerichteten Beamtengelehrten des kaiserlichen China ausweisen.

5. Der Okzident

Das westliche Kulturklima war anders gestimmt. Kurz nach seiner Ernennung als Nixon's Sicherheitsberater (1969) gab Henry Kissinger ein Interview mit AFP. Gefragt, wie er seinen heimatlichen Kontinent geschichtlich einstufen würde, kam die Antwort: „Well, you know, Europe always was a warlike continent, and we have to take this into account." Es nimmt sich wie eine Fußnote zu dieser Einschätzung aus, wenn Michael Howard in seiner großangelegten Arbeit zu Krieg und Frieden ausführt:

> *„Bis zur ersten Hälfte des XVI. Jahrhunderts war Kriegführung in Westeuropa Lebensinhalt für wesentliche Sektoren der Gesellschaft. Frieden bedeutete für sie eine Katastrophe, und die Verlängerung des Krieges war, ausgesprochen oder unausgesprochen, legitime Aufgabe eines jeden Mannes von Geist und Verstand."*[36]

Der viktorianische Historiker John Robert Seeley (1834-1895) beschreibt das Jahrhundert der beginnenden englischen Modernisierung von der ‚Glorious Revolution' (1688) bis zum Wiener Kongress (1814) als eine Epoche der permanenten Kriegsführung:

---

[36] Michael HOWARD, *Studies in War and Peace*. London 1971, S. 204. Das feudale Europa basierte auf einem militärischen Ethos. Siehe das Preislied auf den ritterlichen Kampf von Jean de Beuil, in: Barbara W. TUCHMAN, *A Distant Mirror. The Calamitous Fourteenth Century*. Macmillan, London 1978, p. 556. Man braucht kaum hinzuzufügen, daß dieses *mind set* einem *song*- oder *ming*chinesischen Beamtengelehrten völlig unverständlich gewesen wäre; steht es doch dem mandarinalen Politikideal der gesellschaftlichen Befriedung diametral entgegen.

„Sieben große Kriege führten wir von der Revolution bis zur Schlacht
von Waterloo, der kürzeste dauerte sieben und der längste zwölf Jahre.
64 von 126 Jahren, also mehr als die. Hälfte, waren Kriegsjahre."[37]

Das kaiserliche China war kein Staat, schon gar kein Nationalstaat,
sondern eine immens große Kulturinsel, eine *Oikumene*. Als solche
stand sie in ihrer historischen Sphäre allein, ‚hors de concurrence',
wie es seinerzeit der französische Sinologe Henri Maspero ausgedrückt hat.

Im Okzident hingegen herrschte seit dem Ende des weströmi-
schen Reiches (476 n. Chr.) ein schier unaufhörliches Gerangel und
Geschiebe partikularer Mächte. Ein Blick auf die Lage im Italien
nach dem Ende der Staufer (ca. 1250 n. Chr.), beispielsweise, zeigt
uns vier Seerepubliken, Venedig, Genua, Pisa und Amalfi, in stän-
digem Ringen um Erhalt oder Ausweitung von Märkten für ihren
Fernhandel. In ihren Werftanlagen wurden technische Fortschritte
in der Mehrheit der Fälle als Fortschritte in der Kriegstechnik verstanden. Wenn die Markusrepublik schon in der Frührenaissance
ihre Rivalen überflügelte, so deshalb, weil die Serenissima 15 % des
jährlich anfallenden Reingewinns in den Aufbau von Werftanlagen
steckte – das berühmte Arsenal von Venedig, das sich ab etwa 1400
n. Chr. zur unbestritten größten technisch-wissenschaftlichen Insti-
tution im Europa vor der Industriellen Revolution entwickelte.[38]

Weiter mit Italien. Nach dem Zusammenbruch der deutschen
Kaisermacht wurde die entstandene Lücke mit einer Vielzahl von
„Konjunkturstaaten" (J. Burckhardt) ausgefüllt, die sich in schier
unaufhörlichen Kriegen behaupteten, erweiterten oder untergingen.
Allein dem Aufstieg der Visconti, den mailändischen Herzögen,
sind unter beständigen Kämpfen gut zwei Dutzend kleinerer Herr-

---

[37] Siehe: J. R. SEELEY, *Die Ausbreitung Englands*. Berlin & Frankfurt/Main 1954, S.
28.

[38] Die sechs Galeassen, deren unerhörte Feuerkraft mithalf, die Seeschlacht von
Lepanto (Oktober 1571) zu entscheiden, waren im Vorfeld dieser historischen
Konfrontation zwischen Okzident und Islam im Arsenal der Markusstadt gebaut
worden. Die Härtung der Metalle mit Karbid hatte zur Folge, daß die venezia-
nischen Geschütze schneller nachladen und schießen konnten, ohne sich zu über-
hitzen.

scher geopfert worden![39] Das politische Leben als ein militärisches Exerzitium hat die Auffassung der Renaissance von Staat und Staatlichkeit dauerhaft geprägt. Nur so können wir verstehen, wieso der bedeutendste politische Denker dieser Epoche zu dem folgenden Urteil kommt:

„Ein Herrscher soll also kein anderes Ziel, keinen anderen Gedanken haben, und sich keiner anderen Kunst widmen als der Kriegskunst, ihren Regeln sowie der militärischen Disziplin."[40]

Und was den „warlike continent" betrifft, so wurde mit dem Auftauchen des Osmanischen Reiches an den abendländischen Grenzen eine neue, über zweihundert Jahre währende Epoche kriegerischer Konflikte eingeläutet. Von der Einnahme Konstantinopels durch Mehmet II. (1453) bis zur Rückeroberung Belgrads durch Prinz Eugen (1717) bestand für das relativ kleine Westeuropa *ohne geographische Tiefe* die sehr reale Gefahr, von der unerbittlich vorrückenden islamischen Großmacht überrollt zu werden. Diese Situation unterschied sich grundsätzlich von der chinesischen Lage. Die konfuzianische Ritualmonarchie war nach strategischer Tiefe und demographischer Masse viel zu gewaltig, um durch irgendjemand „geschluckt" zu werden – vielmehr hat China im Laufe der letzten zweitausend Jahre alle hereinflutenden Völkerschaften in ihrem Eigenbestand aufgelöst und sie geistig-kulturell vereinnahmt.[41]

Die zweihundertfünfzig jährige Bedrohung durch die sich wie ein Gletscher nach Westen schiebende islamische Großmacht hat in der Mentalitätsgeschichte Europas tiefe Spuren hinterlassen. Hier war eine existentielle Gefahr, die das christliche Abendland *in toto* zu vernichten drohte. Während der Herrschaft von Suleiman dem

---

[39] Siehe Jacob BURCKHARDT, *Die Kultur der Renaissance in Italien*. Erster Band. Hg. v. Ludwig Geiger. Alfred Kröner Verlag, Leipzig, Zwölfte Auflage 1919, S. 8.
[40] Niccolò Machiavelli, *Der Fürst*, Alfred Kröner Verlag, Stuttgart, ³1963: XIV. Kapitel, S. 59.
[41] Die Mongolen, die sich nicht assimilieren ließen, wurden nach kurzer Zeit wieder „ausgespuckt" (W. Eberhard). Ihr Schicksal unterstreicht die historische Wahrheit, daß China nur nach konfuzianischem Politikverständnis regiert werden konnte; nomadischen Völkern, die dieses Grundgesetz dauerhaft mißachteten, wurde das „Mandat des Himmels" wieder entzogen.

Prächtigen (1522-1566) etwa wurde die ottomanische Militärgrenze bis in die Nähe von Graz vorgetrieben, und die ungeschützten italienischen und spanischen Küstengebiete waren den nicht abreißenden Überfällen islamischer Korsaren ausgeliefert.[42] Das *si vis pacem para bellum* wurde zum politischen Credo einer Gesellschaft, die sich die Welt ohne Krieg überhaupt nicht mehr vorstellen konnte.

Das nach dem Westfälischen Frieden entstandene Mehrstaatensystem, die sogenannte europäische Pentarchie, übernahm diese historisch gewachsene Mentalität, samt der darin implizierten Generalvermutung zugunsten einer militärisch-offensiven Politikgestaltung. Das XVIII. Jahrhundert bietet das Schauspiel einer Kette von kriegerischen Auseinandersetzungen, die mit dem Kampf um die Spanische Erbfolge beginnen und sich über den sogenannten Schlesischen in den Siebenjährigen Krieg fortsetzen, um gegen Ende des *ancien régime* in die konfliktträchtige Dauerkrise einzumünden, die im Gefolge der Großen Revolution (1789) die europäische Staatenwelt erschüttert.

5. FAZIT

Sunzi, ein antiker Chinese, und Clausewitz, ein moderner Europäer, theoretisieren über den Krieg. Beide reden *lege artis* über Strategie und Taktik, über Angriff und Verteidigung, über Sieg und Niederlage. Alles sehr ähnlich im Ton, doch ganz verschieden in dem, was ausgesagt wird. In der *Deutschen Ideologie* heißt es, daß das Bewußtsein das bewußte Sein ist. Dies trifft den Punkt: Das Sein, die Lebenswelt, der gesamte politische und ökonomische Horizont, – sie hätten für die beiden Autoren nicht verschiedener ausfallen können. Und genau so verschieden ist auch ihre Einstellung zum Krieg.

---

[42] Zu den Sommer für Sommer stattfindenden Seekämpfen zwischen den westlichen Verbänden und der türkischen Flotte in der Ägäis, siehe gut bei: Ekkehard EICKHOFF, *Venedig, Wien und die Osmanen*. Umbruch in Südosteuropa. Klett-Cotta, Stuttgart, ³2008. Ebenfalls: Roger CROWLEY, *Empires of the Sea*. The Final Battle for the Mediterranean, 1521-1580. Faber and Faber. Bloomsbury House, London 2008.

Zweiter Teil
Sunzi: Die Kunst des Krieges (bingfa 兵法)

Ins Deutsche übertragen von
Rainer Hoffmann und Hu Qiuhua

KURZE BEMERKUNGEN ZUM TEXT VON SUNZI „DIE KUNST DES KRIEGES" (bingfa 兵法)

Es war uns ein Anliegen, den Leser mit dem *sunzi bingfa* Text in seiner Gesamtheit vertraut zu machen. Deshalb wird im Folgenden eine deutsche Übersetzung seiner dreizehn Bücher (bzw. Kapitel) beigefügt. Zum besseren Verständnis bietet das in den Fußnoten gesammelte Material einen laufenden Kommentar.

Bevor wir aber die Übersetzung einfügen, noch einige Gedanken zur besonderen sprachlichen Gestalt, in der uns dieser Text überliefert ist:

Die chinesischen Zeichen sind in ihren shangzeitlichen Anfängen (jiaguwen 甲骨文) eindeutig eine Bilderschrift, wenn auch die ursprünglichen Piktogramme im Laufe der Geschichte immer neue Abstrahierungen erfuhren. Doch bleibt die Tatsache bestehen, daß das Chinesische die zurzeit einzige Kultursprache ist, die für ihre Verschriftlichung kein Alphabet heranzieht, sondern Tausende von abgewandelten Piktogrammen verwendet.

Der Sunzi Text gehört in die Kategorie des *Late Archaic Chinese*, welches in mehreren Varianten während der Östlichen Zhou Dynastie (771-256 v. Chr.) verwendet wurde. Die Zeichen sind nicht klar definiert, sie besitzen noch einen breiten und an den Grenzen fließenden Bedeutungshof. Ein Zeichen kann in dem einen Kontext als Hauptwort gelten, in jenem aber ein Verb repräsentieren.[1] Etwa ein

---

[1] „Die morphologisch dürftigen Wörter … wurden meist indifferent als Substantive, Adjektive oder Verben gebraucht." So Marcel GRANET, *Das chinesische*

Dutzend Partikel dienen faktisch als Grammatikersatz. Auch die Aspekte sind noch ungeschieden in der Wortsubstanz enthalten. Am Anfang des *Mengzi* 孟子 sagt der König zum Philosophen, der an seinen Hof gekommen ist: *bu yuan qianli* 不遠千里, also: „Sie haben tausend Meilen nicht für zu fern gehalten ..." Das Adjektiv „yuan", das fern bedeutet, wird hier im *putativen Aspekt* verwendet: „für fern halten".

Die Schriftzeichen stehen wie „unzusammenhängende Wortstämme"[2] nebeneinander – wie grobe, noch unbehauene Blöcke, in einer rauhen Fügung,[3] ohne die bei uns üblichen sprachlichen Bindemittel. Das alles wirkt wie ein aufgelassenes Gedicht, das sich danach sehnt, vollendet zu werden. Der prospektive Übersetzer erhält die Chance, die vielen Lücken mit seinen Mutmaßungen und Phantasien auszufüllen. Er tritt in eine Art Co-Produktion mit dem ursprünglichen Verfasser ein. Für viele eine verlockende Vorstellung. Sicher gehört das mit zu den Gründen, weshalb Texte wie das *bingfa* 兵法 und das *daodejing* 道德經 fast einhundert Mal in europäische Sprachen übertragen wurden.[4]

Denken. Inhalt, Form, Charakter. Suhrkamp Verlag (stw 591), Frankfurt am Main 1989, S. 21. Eine weitere Schwierigkeit liegt darin, daß sich diese Texte dem Leser ohne jegliche Interpunktion darbieten.

[2] Op. cit., S.20. Es gibt hier weder Konjugation noch Deklination, die Zeichen / Embleme sind „unbeugsam." Die Aufgabe des Übersetzers ist es, sie zum Sprechen zu bringen, ohne auf Abwege zu geraten.

[3] Heidegger spricht von „rauher Fügung", um den Stil von Hölderlins später Dichtung zu beschreiben, so z. B von „Brot und Wein" (Herbst 1800). Siehe: M. HEIDEGGER, Erläuterung zu Hölderlins Dichtung. Vittorio Klostermann, Frankfurt am Main 1996. Wir übertragen den Begriff nach China, und verwenden ihn, um die herben, lakonisch-knappen Texte seiner vordynastischen Periode zu kennzeichnen.

[4] Versuche, die Blöcke einfach stehen zu lassen, führen regelmäßig dazu, daß das Verständnis der Texte leidet. So auch bei der neueren Arbeit von Gary GAGLIARDI, Sun Tzu's The Art of War. Clearbridge Publishing, Seattle 1999. Durch die Einsparung von grammatikalischen Hilfskonstruktionen verbleiben hier zahlreiche Stellen in einem semantischen Niemandsland. Im Bemühen, die alte Form auch in der Übertragung so genau wie möglich zu reproduzieren, wird, wenigstens partiell, auf Sinnverstehen Verzicht geleistet. Diese Praxis geht letztlich zu Lasten des Lesers.

始计第一

Kapitel I | VORÜBERLEGUNGEN

1. 兵者，国之大事，死生之地，存亡之道，不可不察也。
Der Krieg zählt zu den wichtigsten Angelegenheiten des Staates, weil es dabei um Leben und Tod geht. Darum nämlich, ob ein Land existieren soll, oder aber vernichtet wird. Daher ist es notwendig, über das Phänomen des Krieges gründlich nachzudenken.

2. 故经之以五事，校之以计，而索其情：
Die Gesetze des Krieges werden daher von fünf konstanten Faktoren bestimmt, die bei allen Planungen sorgfältig bedacht werden müssen.

3. 一曰道，二曰天，三曰地，四曰将，五曰法
Diese sind folgende: (1) die moralische Legitimation;[5] (2) der richtige Zeitpunkt; (3) das richtige Terrain; (4) Die Führungsqualität (der Offiziere); (5) Fragen der Organisation.

---

[5] In den dynastischen Kämpfen des alten China beanspruchten die Kontrahenten, das Mandat des Himmels (tianming 天命) zu besitzen. Das war aber nur dann glaubhaft, wenn man der eigenen Seite den Mantel der Rechtlichkeit (dao/zheng 道/正) umhängen konnte. Gleich zu Anfang der klassischen Zeit beschäftigen die siegreichen Zhou 周 eine kleine Armee von Intellektuellen in diesem Sinne. Sowohl das *Buch der Lieder* (shijing 诗经) als auch das *Buch der Dokumente* (shujing 书经) sind Ideologieproduktionen, die sich zur Aufgabe machen, den moralischen Anspruch der Zhou auf die Herrschaft nachzuweisen, indem sie die voraufgegangene Shang 商 dämonisieren. Das gleiche leisten die Propagandisten der Tang 唐 mit Bezug auf die Sui 隋. Die westliche Geschichte bietet dasselbe Schauspiel. Die Kriege, die Rom führte, waren immer ein *bellum justum*, und das *Monumentum Ancyranum* ist ein einziger literarischer Versuch, die vielen Feldzüge des Augustus als gottgewollte, eminent moralische Unternehmungen hinzustellen. Später, in der Frühen Neuzeit, hatten Ludwig XIV und seine Berater eine eigene Methode entwickelt, den politischen und militärischen Kampf mit weithin fingierten Rechtsansprüchen zu führen. Annexionen und Kriegen wurde die Form eines Rechtsstreits gegeben. Die Pariser Réunionskammern hatten nur die eine Aufgabe, die bourbonische Expansionspolitik als moralisch legitimiert zu erweisen.

4. 道者，令民于上同意，可与之死，可与之生，而不畏危也；
Der Führer, der die Moral auf seiner Seite weiß, wird die Zustimmung des Volkes gewinnen, und es wird ihm auf Leben und Tod in jede Gefahr hinein folgen.

5. 天者，阴阳、寒暑、时制也
Den richtigen Zeitpunkt bestimmen bedeutet, daß man den Wechsel von Tag und Nacht, von Kälte und Hitze beachtet, und daß man die Abfolge der Jahreszeiten berücksichtigt.

6. 地者，远近、险易、广狭、死生也；
Was das Terrain betrifft, so geht es dabei darum, die Nähe und Ferne, sowie die Gefährlichkeit oder Sicherheit einer Örtlichkeit richtig einzuschätzen, und die Breite oder Enge der Pässe zu beurteilen, weil dieses Wissen über Leben und Tod entscheiden kann.[6]

7. 将者，智、信、仁、勇、严也；
Der militärische Führer sollte über die folgenden Eigenschaften verfügen, nämlich: Klugheit, Zuverlässigkeit, Menschlichkeit, Mut und das richtige Urteilsvermögen im Hinblick auf Belohnung und Strafe.

---

[6] Clausewitz verlangt vom Feldherrn, er müsse sich „bis zu den allgemeinen geographischen Gegenständen eines Landes oder einer Provinz erheben, und den Zug der Straßen, Ströme und Gebirge immer lebhaft vor Augen haben." (Carl von CLAUSEWITZ, *Vom Kriege*. Vollständige Ausgabe. Nikol Verlag, Hamburg 2020, S. 86). Der preußische Generalstabsoffizier fügte seinem Werk ein eigenes Kapitel über „Gegend und Boden" ein (Op.cit., S. 393ff.). – Napoleon besaß einen supremen Spürsinn für das Gelände, er wagte ein Gefecht nur dann, wenn das Terrain zu seinen Gunsten sprach. Nach Alexis de Tocqueville wußte er sich stets „den Beistand der Gegend zu Nutze zu machen." Niemals besser, als während der Drei-Kaiser-Schlacht von Austerlitz (2. Dezember 1805). Napoleon ließ als erstes den die Landschaft beherrschenden Pratzeberg besetzen; von hier aus zerschlug das massive französische Artilleriefeuer die anstürmenden feindlichen Kolonnen. Zur Jahreswende 1811/1812 ließ er sich von seinem Bibliothekar mit Büchern über die Topographie von Litauen und Rußland versorgen. Schon vorher beauftragte er das *Dépôt de la Guerre,* eine Serie von großmaßstäbigen Karten des Westens von Rußland anfertigen zu lassen. (Siehe: Adam ZAMOYSKI, *1812. Napoleons Feldzug in Rußland*. C. H. Beck, ²2012, S. 114).

8. 法者，曲制、官道、主用也。将莫不闻，知之者胜，
不知之者不胜。

Unter organisatorischer Kompetenz ist folgendes zu verstehen: die Fähigkeit, die Truppenteile je nach ihrer militärischen Funktion wirksam einzusetzen; sowie ein Auge für Nachschub und zureichende Verpflegung, damit das Überleben der Armee gewährleistet ist. Alle diese Punkte müssen jedem Armeeführer vertraut sein, weil es hierbei um Sieg oder Niederlage geht.

9. 故校之以计，而索其情，曰：主孰有道？将孰有能？天地孰得？
法令孰行？兵众孰强？士卒孰练？赏罚孰明？吾以此知胜负矣.

Deshalb soll man die Ausgangslage nach den folgenden Punkten untersuchen:

(1) Welche der beiden Parteien verfügt über die bessere moralische Position? (2) Welcher Feldherr verfügt über das bessere strategische Konzept? (3) Welcher Feldherr hat den Vorteil von Zeit und Ort auf seiner Seite? (4) Wer verfügt über die effektivere Organisation? (5) Welche Armee hat die größere Schlagkraft? (6) Auf welcher Seite sind Offiziere und Mannschaften besser geschult? (7) In welcher Armee gibt es die größere Gerechtigkeit was Lohn und Strafe angeht? Diese sieben Überlegungen ermöglichen es, Sieg oder Niederlage vorherzubestimmen.

10. 将听吾计，用之必胜，留之；将不听吾计，用之必败，去之。

Wenn ein Feldherr diese Vorgaben beherzigt und danach handelt, dann wird er siegreich sein. Einem solchen Führer soll man die Treue bewahren. Wenn ein Feldherr aber diese Vorgaben nicht beherzigt und dennoch handelt, wird er eine Niederlage erleiden. Dann soll man ihn lieber verlassen (bevor es zu spät ist).

11. 计利以听，乃为之势，以佐其外。

Wer sich zum Kampf entschlossen hat, der muß seine Pläne verschleiern, damit der Feind davon keine Kenntnis bekommt.

12. 势者，因利而制权也。兵者，诡道也。

Diese Planungen sollten flexibel gestaltet sein, damit sie je nach Lage geändert werden können. Alle Kriegsführung basiert auf Täuschung.

13. 故能而示之不能，用而示之不用，近而示之远，远而示之近。

Das heißt: wenn wir stark sind, müssen wir nach außen schwach er-
scheinen; und wenn wir dabei sind, eine Offensive zu starten, muß
es so aussehen, als wollten wir uns zurückziehen; wenn wir bereits
nahe am Feind sind, muß es scheinen, als seien wir noch weit vom
Schuß; und während wir uns schon abgesetzt haben, müssen wir
den Feind glauben machen, wir seien immer noch in seiner Nähe.

14. 利而诱之，乱而取之，

Leg einen Köder aus, um den Feind auf eine falsche Fährte zu locken; wenn seine Reihen zu wanken beginnen, nutze die Gelegenheit, um vorzustoßen.

15. 实而备之，强而避之，

Wenn der Feind gut organisiert ist, dann muß man sich auf alles gefaßt machen. Wenn der Feind an Stärke überlegen ist, soll man ihm
ausweichen.

16. 怒而挠之，卑而骄之，

Wenn der Gegner leicht zu reizen ist, dann soll man ihn erst recht
provozieren. Man soll sich kleiner machen, als man ist, damit der
Gegner unvorsichtig wird.

17. 佚而劳之，亲而离之，

Wenn der Feind Ruhe benötigt, dann soll man ihn stören. Wenn er
Verbündete besitzt, muß man versuchen, einen Keil dazwischen zu
treiben.

18. 攻其无备，出其不意。

Greife den Feind dann an, wenn er nicht vorbereitet ist; sei plötzlich
an Orten präsent, wo dich niemand erwartet.

19. 此兵家之胜，不可先传也。

Diese siegbringenden Ratschläge der Strategischen Schule müssen
geheim gehalten werden.

20. 夫未战而庙算胜者，得算多也；未战而庙算不胜者，得算少也。多算胜，少算不胜，而况于无算乎！吾以此观之，胜负见矣。

Wenn die Analyse der oben genannten Faktoren günstig ist, kann man den Sieg voraussagen; wenn jedoch ein sorgfältiges Kalkül ergibt, daß die Faktoren eher ungünstig sind, dann wird man keinen Sieg erringen können. Also bringen viele genaue Berechnungen den Sieg, während zu wenige in die Niederlage führen; geschweige denn ein rein impulsives Handeln! Aus all dem kann man voraussehen, ob Sieg oder Niederlage zu erwarten sind.[7]

---

[7] Im Original: *duo suan sheng, shao suan bu sheng* 多算胜，少算不胜. Sunzis Stratege ist der Mann, der mit kühlem Kopf, mit Distanz vom Geschehen, *au dessus de la mêlée*, seine Vorbereitungen trifft; Clausewitz ist mit Leidenschaft bei der Sache, er bleibt immer der Kämpfer, der in der Schlacht von Borodino sein Leben in die Schanze geschlagen hat.

作战第二

1. 孙子曰：凡用兵之法，驰车千驷，革车千乘，带甲十万，
千里馈粮。则内外之费，宾客之用，胶漆之材，车甲之奉，
日费千金，然后十万之师举矣.

Sunzi sagt: Die Regeln der Kriegsführung legen fest, daß man für
tausend schnelle Streitwagen, und ebenso viele schwere Karren (für
den Transport), sowie hunderttausend gepanzerte Soldaten, plus
Vorräten, die für eine Kampagne von tausend *li* (ca. 500 km) ausreichen sollen, weiter die Ausgaben zu Hause und an der Front, einschließlich der Unterhaltung der diplomatischen Gäste, und der zur
Reparatur der Streitwagen und Rüstungen nötigen Summen, – daß
man also für all dies zusammen etwa 1000 Unzen Silber pro Tag benötigt. Dies sind die Kosten für die Aufstellung einer Armee von
100.000 Mann.

2. 其用战也（贵）胜，久则钝兵挫锐，攻城则力屈，
久暴师则国用不足。

Wenn bei einem Feldzug der Sieg zu lange auf sich warten läßt, so
werden die Waffen stumpf und die Begeisterung der Soldaten
schwindet. Wenn man eine lange Belagerung von Städten unternimmt, dann werden die Hilfsmittel zunehmend erschöpft. Wenn
der Feldzug sich in die Länge zieht, werden die Mittel des Staates
nicht mehr ausreichen.

3. 夫钝兵挫锐，屈力殚货，则诸侯乘其弊而起，
虽有智者不能善其后矣。

Wenn aber die Waffen abgestumpft sind, die anfängliche Hochstim-
mung schwindet, und die Kräfte sowie die Finanzen erschöpft sind,
dann erheben sich die Rivalen, um deine Schwäche auszunutzen.
Unter solchen Umständen ist selbst ein begabter Heerführer nicht
mehr in der Lage, den Schaden wieder gut zu machen.

4. 故兵闻拙速，未睹巧之久也。

Daher wird in Gesprächen über den Krieg häufig darüber diskutiert,
wie man rasch einen Sieg herbeiführen kann. Aber man spricht

selten davon, wie man einen langdauernden Krieg siegreich been-
det.

5. 夫兵久而国利者，未之有也。
Denn es gibt keinen langen Krieg, der einem Land Vorteile brächte.

6. 故不尽知用兵之害者，则不能尽知用兵之利也
Nur jemand, der mit den Übeln des Krieges gründlich vertraut ist,
besitzt die Fähigkeit, aus dem Krieg Vorteile zu ziehen.

7. 善用兵者，役不再籍，粮不三载，
Ein erfahrener Kommandant wird es nicht nötig haben, Soldaten
zum zweiten Mal auszuheben; und er wird die Wagen für den Nachschub nicht mehr als zwei Mal beladen müssen.

8. 用于国，因粮于敌，故军食可足也。
Das Kriegsgerät muß man selber mitbringen, Nahrungsmittel und
Fourage[8] hingegen soll man sich aus dem Feindesland holen. Dann
wird die Armee ausreichend verproviantiert sein.

9. 国之贫于师者远输，远输则百姓贫；近师者贵卖，
贵卖则百姓财竭，财竭则急于丘役.
Leere Staatskassen bedeuten, dass die Armee gezwungen ist, aus
dem Lande zu leben.[9] Die langen Transportwege führen zur Verarmung der Menschen. Wo immer die Armee ihre Quartiere aufschlägt, steigen die Preise; und hohe Preise führen dazu, dass die
Geldreserven der Bevölkerung schwinden. Diese Lage zwingt den
Staat, zusätzliche drückende Dienstleistungen (*corvée*) zu verlangen.

---

[8] *Fourage*: ein älteres Wort für Pferdefutter. Im Clausewitz finden wir einige Gedanken speziell zur Frage der Pferdeversorgung auf Feldzügen, siehe Carl von
CLAUSEWITZ, *Vom Kriege*, op. cit., S. 384.

[9] Diese Weisheit gilt natürlich auch in Europa. Friedrich der Große, dessen Länder wenig hergaben, machte es sich zur Regel, „sein Heer so viel als möglich auf
Kosten des Auslandes stark zu erhalten." (Carl von CLAUSEWITZ, *Vom Kriege*,
op.cit., S. 318). Für die neueren Heere gilt ganz allgemein „die Beitreibung der
Lebensmittel an Ort und Stelle" (Op. cit., S. 35), will heißen, dort wo die Marschkolonnen gerade durchziehen.

10. 力屈中原、内虚于家，百姓之费，十去其七；公家之费，
破军罢马，甲胄矢弓，戟盾矛橹，丘牛大车，十去其六。

Wenn die Lebensmittel auf dem Schlachtfeld verbraucht werden, dann wird sich der Volkswohlstand um siebzig Prozent vermindern. Die Ausgaben des Staates für das gesamte Kriegsgerät wie Streitwagen und Pferde, und für die Waffen wie Harnisch, Lanzen, Schilde, sowie für die Ochsengespanne der schweren Lastkarren, haben zur Folge, daß sich der Staatsschatz um sechzig Prozent verringert.

11. 故智将务食于敌，食敌一钟，当吾二十钟；杆一石，
当吾二十石。

Und deshalb wird sich ein umsichtiger Befehlshaber bemühen, seinen Nachschub vom Feinde zu holen. Wenn man sich einen *zhong*[10] Proviant vom Feinde holen kann, dann entspricht dies der zwanzigfachen Menge, falls man diese von zu Hause transportieren müßte. Was das Futter betrifft, so gilt das gleiche Verhältnis.

12. 故杀敌者，怒也；取敌之利者，货也。

Damit die Soldaten bereit sind, ihre Feinde zu töten, muß man sie in eine aggressive Stimmung versetzen. Und damit die Soldaten bereit sind, die Besitztümer der Feinde zu plündern, muß man sie an der Beute beteiligen.

13. 车战得车十乘以上，赏其先得者,而更其旌旗。车杂而乘之，
卒善而养之，是谓胜敌而益强。故兵贵胜，不贵久。

Wenn beim Kampf der Streitwagen mehr als zehn erobert wurden, sollen diejenigen belohnt werden, die den ersten Wagen besiegt haben. Und sofort sollen unsere Fahnen auf den feindlichen Wagen gehißt werden, dann sollen sie einzeln in unsere Formationen eingegliedert werden. Auch die Gefangenen sollten gut behandelt werden. Durch diese Methode werden unsere Truppen durch die be-

---

[10] *Zhong* ist eine alte chinesische Gewichtseinheit. Sie entspricht etwa 442 kg. Und das *shi* entspricht etwa 31 kg. Dieses Maß gilt für die Zeit nach der Reichseinigung durch Qin Shi Huangdi (秦始皇帝221 v. Chr.) Davor besaß wahrscheinlich jeder der einzelnen Staaten seine eigenen Gewichtsangaben. Hier geht es aber vor allem um das Verhältnis 1 : 20, das den enormen Verschleiß durch die langen Transportwege veranschaulichen soll.

siegten Feinde andauernd verstärkt. Deshalb muß ein schneller Sieg die oberste Devise sein.[11]

14. 故知兵之将，民之司命。国家安危之主也。

Daraus ergibt sich, daß der Feldherr über das Schicksal des Volkes entscheidet. Denn von ihm hängt es ab, ob das Land sicher ist, oder aber bedroht.

---

[11] Friedrich der Große verfaßte im November 1755, also unmittelbar vor dem Ausbruch des Siebenjährigen Krieges, seine als *penseés et règles générales pour la guerre* bekannten kriegstheoretischen Reflexionen. Darin betont er, wie bereits in den „Generalprinzipien vom Kriege" (1748), hier Ch. XXVI, daß für ein relativ kleines Land wie Preußen, „die Kriege kurz und vives sein müssen, da sie sonst das Land depeuplieren und unsere Ressourcen erschöpfen müßten." Und in neuester Zeit war das Prinzip des kurzen Krieges geradezu eine Lebensbedingung für die japanische Kriegführung. In einem Tagebucheintrag des Chefs der Vereinigten Kaiserlichen Flotte, *Yamamoto Izuroku* (山本五十六) vom 4. November 1941 lesen wir: „Wenn Japan gegen die USA in den Krieg ziehen soll, dann bleibt diesem materiell überlegenen Rivalen gegenüber nur die Strategie des Blitzkrieges: rasch zuschlagen, um die feindliche Hauptmacht zu vernichten. Dann einen Perimeter sichern und Frieden schließen. Ein hingezogener Feldzug, der mehr als zwölf Monate dauert, kann nur mit einer Niederlage für unser Land enden."

谋攻第三
Kapitel III | WIE MAN EINEN ANGRIFF PLANT

1. 孙子曰：夫用兵之法，全国为上，破国次之；全军为上，
破军次之；全旅为上，破旅次之；全卒为上，破卒次之；
全伍为上，破伍次之。
Sunzi sagt: Die Kunst der Kriegführung besteht darin, das Feindesland ohne Kampf zur Kapitulation zu zwingen; das Land mit Gewalt zu zerstören, ist nur eine schlechte Alternative. Das gleiche
Prinzip gilt für die ganze Armee, für eine Division, ein Regiment
und einen Zug Soldaten.

2. 是故百战百胜，非善之善也；不战而屈人之兵，善之善者也。
Daher kann die Devise „hundert Schlachten und hundert Siege"
nicht das oberste Ziel der Kriegsführung sein. Das oberste Ziel muß
vielmehr sein, die gegnerischen Truppenverbände ohne Kampf zu
neutralisieren.

3. 故上兵伐谋，其次伐交，其次伐兵，其下攻城。
Die höchste Führungskunst zeigt sich auf der Ebene der Strategie;
eine Stufe tiefer steht die Diplomatie; noch darunter steht der eigentliche militärische Kampf; und zuletzt kommt die Belagerung befestigter Städte.

4. 攻城之法，为不得已。修橹，具器械，三月而后成；距堙，
又三月而后已。
Die Belagerung fester Plätze soll man, wenn irgend möglich, vermeiden. Um die fahrbaren Schutzschilde und andere Belagerungsmaschinen herbeizuschaffen, braucht man allein schon drei Monate.
Und um eine Rampe zu den Mauern hochzuführen, braucht man
weitere drei Monate.[12]

---

[12] Diese Maxime, daß nämlich die Verteidigung dem Angriff überlegen ist, wird
auch durch die westliche Erfahrung untermauert. Schon die homerischen Epen
sind eine Probe aufs Exempel. Troja, „Ilions ragende Veste", kann von den Achai-
ern nicht eingenommen werden, und am Ende muß die List des Odysseus den
Erfolg bringen. In der Spätantike stürmen die Goten gegen die aurelianischen
Mauern, ihre Krieger verbluten an den gewaltigen Festungsanlagen; als sie end-

5. 将不胜其忿而蚁附之，杀士卒三分之一，而城不拔者，
此攻之灾也。

Ein General, der sein Temperament nicht zu zügeln versteht, wird
seine Soldaten zum Sturmangriff vorschicken, wie schwärmende
Ameisen. Dabei wird er schon ein Drittel seiner Leute verlieren,
ohne daß die Stadt eingenommen wurde.[13] Dies nennt man durch
einen (impulsiven) Angriff eine Katastrophe herbeiführen.

6. 故善用兵者，屈人之兵而非战也，拔人之城而非攻也，毁人之国
而非久也，必以全争于天下，故兵不顿而利可全，此谋攻之法也。

Daher wird der kluge Feldherr die gegnerischen Truppen ohne
Kampf besiegen, und er wird die Städte ohne Belagerung einnehmen. Er wird den feindlichen Staat ohne langwierige Kämpfe gewinnen.

Wenn man auf diese Weise die eigenen Truppen möglichst geschont hat, dann kann man mit der intakten Armee das ganze Land
pazifizieren. Dies ist das oberste Ziel aller strategischen Überlegungen.

---

lich in die Stadt (Rom) eindringen, hat die Volkssubstanz eine Einbuße erlitten,
von der sich die Ostgoten nicht mehr erholen konnten. Das Paradebeispiel bleibt
aber Malta. Suleiman der Prächtige führte immense Streitkräfte ins Feld, zusammen mit einem unerhörten Aufgebot von Belagerungsmaschinen, darunter zwölf
Meter hohe, massive Türme, die die Mauern überragten. Immer aufs Neue ließ
der Sultan stürmen, zehntausende der leichten Truppen füllten die Außengrä-
ben, ohne allen Erfolg. Als Seuchen ausbrachen, und weitere Tausende dahin-
rafften, mußte die Belagerung aufgegeben werden. Es war die erste Niederlage,
die Suleiman während seiner langen Regierungszeit (1522-1566) erlitt. Selbst ein
Wallenstein, der genialste Feldherr des Dreißigjährigen Krieges, scheiterte vor
dem stark befestigten und wohlversorgten Stralsund. (Zur Überlegenheit der
Verteidigung über den Angriff bei: Carl von CLAUSEWITZ, *Vom Kriege*. Vollständige Ausgabe. Nikol Verlag, Hamburg 2020, S. 42.) Erst Hiroshima hat die Lage
grundlegend verändert und definitiv das Primat des (atomaren) Angriffs in der
Kriegführung etabliert.

[13] Clausewitz ist zum gleichen Punkt eindeutig: „Festungen, die der Verteidiger
hinter sich gelassen hat, ist der Angreifende gezwungen, zu belagern oder ein-
zuschließen. Wie sehr seine Streitkräfte dadurch geschwächt und dem Verteidiger damit Gelegenheit gegeben wird, sie auf einem Punkt mit großer Überlegenheit anzugreifen, ist an sich klar." (Carl von CLAUSEWITZ, Vom Kriege, op. cit., S.
434).

7. 故用兵之法，十则围之，五则攻之，倍则分之，敌则能战之，
少则能逃之，不若则能避之。

Das Gesetz des Krieges besagt: wenn die eigenen Kräfte zehn Mal
stärker sind, als die des Feindes, dann soll man sie einschließen; sind
sie fünf Mal stärker, dann soll man sie angreifen; sind sie doppelt so
stark, dann soll man sie aufspalten; bei Gleichstand der Kräfte muß
man durch kluge Strategie eine günstige Stellung aufbauen; wenn
man aber schwächer ist, soll man ausweichen; und wenn man stark
unterlegen ist, muß man vor allem seine Rückzugswege sichern.[14]

8. 故小敌之坚，大敌之擒也。

Eine kleine Streitmacht kann zwar hartnäckigen Widerstand leisten,
wird aber schließlich doch von der größeren Macht überwunden
werden.

9. 夫将者，国之辅也。辅周则国必强，辅隙则国必弱。

Der Feldherr ist der Schutzwall des Staates. Wenn dieser Wall an
allen Stellen dicht geschlossen ist, dann ist der Staat ebenfalls stark.
Doch wenn der Wall Risse aufweist, dann ist auch der Staat geschwächt.

10. 故君之所以患于军者三：

Ein Herrscher kann auf dreierlei Weise den Ruin seiner Armee herbeiführen:

(1) 不知军之不可以进而谓之进，不知军之不可以退而谓之退，
是谓縻军

Falls er der Armee den Vormarsch befiehlt, wenn es die militärische Lage verbietet; oder umgekehrt, falls er den Rückzug an-
ordnet, wenn die konkrete Situation einen solchen unmöglich

---

[14] Die westlichen Feldherren dachten ähnlich. Nach der Katastrophe vom 6. September 1634 entwickelt sich der junge Bernhard von Weimar zum Meister des
strategischen Rückzugs. Er weicht dem überlegenen Feind immer wieder aus,
und führt seine Heerestrümmer geschickt an den Rhein bis nach Cannstadt. Er
erweist sich „als Meister in der Kunst des Loslösens vom Feinde". (Dazu bei: Carl
Jacob BURCKHARDT, *Richelieu. Band III: Großmachtpolitik und Tod des Kardinals.*
München 1966, S. 74; 85).

macht. Das nennt man die Armee durch (willkürliche Einmischung) behindern.

(2) 不知三军之事而同三军之政，则军士惑矣；
Wenn er versucht, die Armee in der gleichen Weise wie sein Land zu lenken, auch wenn er von den militärischen Dingen keine Ahnung hat, dann werden die Offiziere verwirrt und verunsichert.

(3) 不知三军之权而同三军之任，则军士疑矣。
Wenn er Kommandoposten verteilt, ohne von Strategie etwas zu verstehen, dann werden bei den Offizieren Zweifel aufkommen.

11. 三军既惑且疑，则诸侯之难至矣。是谓乱军引胜。
Wenn die Truppen also verunsichert sind, dann werden die feindlichen Fürsten diese Lage ausnutzen. Das nennt man, seine Armee zu zerstören, und den Gegner zum Sieg führen.[15]

12. 故知胜有五：知可以战与不可以战者，胜，识众寡之用者，胜，上下同欲者，胜，以虞待不虞者胜，将能而君不御者，胜。此五者，知胜之道也。
Fünf Faktoren erlauben es, den Sieg vorherzusagen: wer richtig

---

[15]Das Beispiel Friedrichs des Großen ist hier erwähnenswert. Beim König von Preußen war wie selten in der Geschichte die völlige Einheit von Kriegführung und Politik hergestellt. Allein der Tatbestand, daß die preußische Armee von einem einheitlichen Macht- und Tatwillen geführt wurde, kann uns erklären, wieso Preußen den Krieg (1756 bis 1763) gegen einen hoch überlegenen Gegner erfolgreich durchstehen konnte. Ein Gegenbeispiel bietet die Schlacht bei Tannenberg südlich des ostpreußischen Allenstein (August 1914). Die Kommandeure der beiden russischen Invasionsarmeen, die Generale Alexander Samsonow und Paul von Rennenkampff waren persönlich verfeindet, sie führten ihre Divisionen getrennt und ohne jegliche Kooperation. Als Samsonow in Gefahr geriet, eingekreist zu werden, kam Rennenkampff nicht zu Hilfe. Auf der deutschen Seite dagegen bildeten Hindenburg und Ludendorff ein perfektes Gespann. Was der Generalquartiermeister plante, wurde vom Feldmarschall abgesegnet. Außerdem stand Hindenburgs Autorität niemals in Zweifel. Das Versagen der russischen Führung schenkte der deutschen VIII. Armee den Sieg über einen zahlenmäßig stärkeren Feind und rettete Ostpreußen vor der Besetzung. (Details siehe bei: Barbara W. TUCHMAN, *The Guns of August*. Dell Publishing, NY 1962, „Tannenberg", S. 326 ff).

beurteilt, ob man einen Krieg beginnen soll, oder nicht, der wird siegen. Wer die Kräfte richtig einschätzen und sie entsprechend einsetzen kann, der wird siegen. Wer es versteht, die ganze Armee, Offizieren und Mannschaften, unter einen starken Willen zu zwingen, der wird siegen. Und der wird siegen, wer die besten Vorbereitungen getroffen hat. Außerdem wird der Feldherr siegen, dessen strategisches Talent sich ungestört von politischen Eingriffen entfalten kann. Das sind die fünf Faktoren, die einen Sieg vorhersehbar machen.[16]

13. 故曰：知己知彼，百战不贻；不知彼而知己，一胜一负；不知彼不知己，每战必败。

Daher sagt das Sprichwort: Wer sich selbst und den Feind kennt, der braucht den Ausgang von hundert Schlachten nicht zu fürchten. Wer nur sich selbst und nicht den Feind kennt, der wird manchmal siegen, und manchmal verlieren. Wer aber weder sich noch den Feind kennt, der wird nichts als Niederlagen erleiden.

---

[16] Anders Clausewitz. Nach ihm „ist kein menschlicher Blick imstande, den Faden des notwendigen Zusammenhangs der Dinge bis zum Ende zu verfolgen. […] Was an Gewißheit fehlt, muß überall dem Schicksal oder Glück, wie man es nennt, überlassen bleiben." (CLAUSEWITZ, Vom Kriege, op. cit., S. 159). Friedrich der Große zeigte noch mehr Skepsis. In den „Generalprinzipien des Krieges" (1749) heißt es: „Wir sollten immer bedenken, daß wir bei unserer geringen Klugheit oft die Spielbälle des Zufalls und unerwarteter Ereignisse werden." In seiner Ode „Sur le hasard" (1757) wird „le hasard" zu einem der großen Beweger der Weltgeschichte. Im Gegensatz zu Sunzi geht Friedrich von der Unfähigkeit der Vernunft aus, die nicht auf der Hand liegenden „causes secondaires" (Nebenumstände) des militärischen Geschehens zu erkennen. Niemand kann Sieg oder Niederlage vorhersehen.

军形第四

Kapitel IV | WIE MAN SEINE SCHLAGKRAFT ERHÖHT

1. 孙子曰：昔之善战者，先为不可胜，以待敌之可胜。

Was die begnadeten Feldherren früherer Zeiten betrifft, so verschafften sie sich zuerst eine unbesiegbare Stellung, dann warteten sie geduldig auf eine Gelegenheit, die den Feind besiegbar machte.

2. 不可胜在己，可胜在敌。

Sich eine unbesiegbare Position zu verschaffen, liegt in den eigenen Händen; doch ob man den Feind besiegen kann, liegt bei der Gegenpartei.[17]

3. 故善战者，能为不可胜，不能使敌之必可胜。

Denn der gute Kämpfer kann sich zwar gegen eine Niederlage wappnen, doch er wird nie sicher sein, daß er auch den Feind besiegen kann.

4. 故曰：胜可知，而不可为。不可胜者，守也；可胜者，攻也。

Daher heißt es: man kann grundsätzlich den Sieg vorherplanen, aber man weiß nie, wann uns der Feind die Gelegenheit gibt, um zu siegen. Sich gegen eine Niederlage abzusichern, genügt auch eine defensive Strategie; doch wer einen Sieg erringen will, muß zum Angriff übergehen.

5. 守则不足，攻则有余。

Eine Vorliebe für die Defensive deutet darauf hin, daß die vorhandenen Kräfte relativ schwach sind; zum Angriff dagegen benötigt man einen Überschuß an militärischer Stärke.

---

[17] Napoleon besaß die Gabe, seine Gegner in *strategische Verhältnisse* zu führen, denen ihre Kräfte nicht gewachsen waren. Im März 1797 stellte er die französische Italienarmee am Hochufer des Tagliamento in günstigster Geländeposition auf. Erzherzog Karl, von seinen Verstärkungen abgeschnitten, mußte sich zurückziehen, was Napoleon das Vordringen über die norischen Alpen gestattete. Dieser Sieg war die Voraussetzung des für Frankreich so vorteilhaften Friedens von Campo Formio (Oktober 1797).

6. 善守者藏于九地之下，善攻者动于九天之上，
故能自保而全胜也。

Wer als General ein Kenner der Verteidigung ist, wird sich in den
Falten des Bodens und den Schluchten der Berge verstecken;[18] aber
ein Führer, der den Angriff liebt, muß wie der Blitz aus heiterem
Himmel zuschlagen. Wer aber beide Strategien beherrscht, der wird
sich sowohl verteidigen als auch siegen können.

7. 见胜不过众人之所知，非善之善者也；

Wer den Sieg erst dann vorhersagt, wenn es jedermann tut, der hat
wahrlich kein Meisterstück vollbracht.

8. 战胜而天下曰善，非善之善者也。

Der siegreiche Feldherr, der von aller Welt gepriesen wird, hat den
Gipfel der Kriegskunst noch lange nicht erreicht.

9. 故举秋毫不为多力，见日月不为明目，闻雷霆不为聪耳。

Einen Herbstfaden[19] hochzuheben ist noch kein Zeichen großer
Stärke; Sonne und Mond zu sehen, macht noch keine scharfen Augen. Den Donner zu hören, macht noch kein gutes Gehör.

10. 古之所谓善战者，胜于易胜者也。

Die bisherigen sogenannten „großen Helden" siegten nur deshalb,
weil sie relativ schwache Gegner hatten.

---

[18] Nach der Schlacht bei Kunersdorf (1759) konnte die geschwächte preußische
Armee keine Offensivaktionen mehr durchführen. Friedrich entwickelte sich,
den Umständen folgend, zu einem Meister der strategischen Defensive. Seine
kleinen, beweglichen Verbände nutzten das waldreiche mitteldeutsche Gelände,
um völlig unvermittelt aufzutauchen und den überraschten Feind zu schlagen.
So die innere Linie haltend, konnte Friedrich der Einkreisung durch die zahlenmäßig überlegenen Streitkräfte der verbündeten Mächte entgehen. Dieses
„Kunstwerk strategischer Heerführung" (Clausewitz) erschöpfte den Gegner.
Beim Pariser Friedensschluß (1763) durfte sich Preußen zu den Siegern zählen
und konnte seine junge Großmachtstellung innerhalb der europäischen Mächte-
konstellation behaupten. Clausewitz macht deutlich, daß der Vorteil der Verteidigung „den preußischen Staat mehr als einmal vor dem Untergang gerettet hat."
(Carl von CLAUSEWITZ, *Vom Kriege*, op. cit., S. 406).
[19] *Qiuhao* 秋毫 bezeichnet die Fäden, mit denen junge Baldachin-Spinnen im
Herbst durch die Luft segeln. Sie haben praktisch kein Gewicht und sind daher
synonym für etwas sehr Feines und Leichtes.

11. 故善战者之胜也，无智名，无勇功，

Diese Sorte „Sieg" verlangt weder strategisches Talent noch große Tapferkeit.

12. 故其战胜不忒。不忒者，其所措胜，胜已败者也。

Der Sieg beruht darauf, daß der Feldherr keine Fehler macht; wenn jemand keine Fehler macht und die richtige Strategie besitzt, dann ist die feindliche Niederlage schon vorprogrammiert.

13. 故善战者，立于不败之地，而不失敌之败也。

Daher wird ein wirklich guter General seine Operationsbasis so ausbauen, daß sie uneinnehmbar ist; und er wird keine Gelegenheit versäumen, um seinen Feind zu besiegen.

14. 是故胜兵先胜而后求战，败兵先战而后求胜。

Daher wird der siegreiche Feldherr zuvörderst danach streben, seine Stellungen unangreifbar zu machen, erst dann wird er eine Schlacht anbieten. Die Verlierer aber werden sich sofort in den Kampf stürzen, und erst dann fragen, was denn die Voraussetzungen für einen Sieg sind.

15. 善用兵者，修道而保法，故能为胜败之正[20]。

Der gute Heerführer wird auf die moralische Korrektheit seiner Handlungen achten und zudem die Grundsätze der Strategie beherrschen. Ein solcher General ist mit den Gesetzen von Sieg und Niederlage vertraut.

16. 兵法：一曰度，二曰量，三曰数，四曰称，五曰胜。

Unter „Strategie" ist folgendes zu verstehen: 1. Die militärische Topographie[21]; 2. Die für die Kriegsführung notwendigen Kampfmittel; 3. Die Anzahl der benötigten Truppen; 4. Die Kenntnis des Stärkerelation zwischen den kriegführenden Parteien; 5. Die daraus folgende Prognose eines möglichen Sieges.

---

[20] Statt 政 = Regierung findet sich auf den hanzeitlichen Bambusstäbchen häufig das Zeichen 正. Dies dürfte der hier gemeinten Bedeutung von „das Wesen, die Quintessenz" näher kommen.

[21] Das englische „the lay of the land" trifft den hier vorliegenden Sachverhalt genauer als jeder deutsche Begriff.

17. 地生度，度生量，量生数，数生称，称生胜。

Aus der Landeskenntnis folgt das Wissen um die geographische Beschaffenheit des Kriegstheaters, daraus kann man ersehen, wie viele
Hilfsmittel für den Feldzug notwendig sind; diese wiederum bestimmen, wie viele Soldaten man einsetzen muß. Dies ergibt dann
die Datenbasis, um das Stärkeverhältnis zu errechnen. Das Wissen
um diese Faktoren ermöglicht den Sieg.

18. 故胜兵若以镒称铢，败兵若以铢称镒。

Wenn die eine Armee sehr viel stärker ist als ihr Gegenspieler[22],
dann ist der Sieg leicht vorherzusagen.

19. 称胜者之战民也，若决积水于千仞之溪者，形也。

Wenn eine so starke Armee vorwärtsstürmt, dann gleicht sie einem
aufgestauten Gewässer, das in eine tausend Klafter tiefe Schlucht
hinabstürzt.

---

[22] 镒 *yi* (Goldunze) = 24 x 24 铢, also ist das *yi* 576 Mal so wertvoll wie ein *zhu*
(kleine Scheidemünze).

Kapitel V | ÜBER DIE SCHLAGKRAFT DER TRUPPEN

1. 孙子曰：凡治众如治寡，分数是也
Sunzi sagt: Die Kontrolle einer großen Truppenmacht unterliegt dem gleichen Gesetz wie die Kontrolle einer kleinen: es ist immer eine Frage der richtigen Organisation.

2. 斗众如斗寡，形名是也；
Der Kampf mit einer großen Streitmacht ist in keiner Weise verschieden vom Kampf mit wenigen Soldaten: es ist eine Frage, wie die Befehle der Offiziere ohne Verzögerung und korrekt durchgeführt werden.

3. 三军之众，可使必受敌而无败者，奇正是也；
Um zu gewährleisten, daß die gesamte Armee einem Sturmangriff des Feindes standhalten kann, muß man die einzelnen Einheiten[23] auf geschickte Weise platzieren.

4. 兵之所加，如以碫投卵者，虚实是也。
Der Aufprall der Armee muß so erfolgen, als ob ein Schleifstein auf ein Ei trifft – aber dazu muß man genau wissen, an welchen Stellen man selber stark und der Gegner schwach ist.[24]

---

[23] 三軍 *sanjun* ist der Oberbegriff für das Gesamt der Armeekontingente, die verschiedene Funktionen ausüben (z. B. Infanterie, Kavallerie, Signalcorps, etc.).

[24] Das folgenschwerste Beispiel für diese Taktik in der neueren Kriegsgeschichte ist Stalingrad. Am 19. November 1942 warfen die Sowjets eine ihrer stärksten Einheiten, die 5. Panzerarmee unter Romanenko, in den Kampf. Aus dem Donbogen stießen mehr als zweihundert brandneue T 34 nach Süden vor, und trafen auf die ihnen gegenüber liegende 3. Rumänische Armee unter General Dumitrescu. Die schlecht ausgerüsteten und noch schlechter motivierten rumänischen Verbände wurden von dem massiven Anprall des Panzerkeils einfach hinweggefegt. Wie oben bei Sunzi gefordert, hatte die Rote Armee ihre stärkste Waffe gegen den schwächsten Punkt des Feindes gerichtet. Die aufgerissene Lücke konnte nie wieder geschlossen werden, es war der Anfang vom Ende der deutschen 6. Armee.

5. 凡战者，以正合，以奇胜。

Bei allen militärischen Aktionen muß der Befehlshaber neben den regulären Truppen noch Reserveeinheiten bereitstellen, die dann, unerwartet eingesetzt, zum Siege führen.[25]

6. 故善出奇者，无穷如天地，不竭如江海。终而复始，日月是也。死而更生，四时是也。

Eine klug durchdachte Überraschungstaktik muß so unerschöpflich wie Himmel und Erde sein, und so unendlich wie die Ströme und Meere; wie Sonne und Mond, und wie die Vier Jahreszeiten, die sich immer wieder erneuern.[26]

7. 声不过五，五声之变，不可胜听也；

Die Musik kennt lediglich fünf Notationen, aber aus ihrer Kombination ergeben sich fast unerschöpflich viele Melodien.

8. 色不过五，五色之变，不可胜观也；

Es gibt auch nur fünf Grundfarben, doch aus ihren Mischungen entsteht die ganze Farbpalette der sichtbaren Welt.

---

[25] Die zurückgehaltene Reserve kann kampfentscheidend sein. Dabei ist es von äußerster Wichtigkeit, daß diese Kräfte genau im richtigen Moment, weder zu früh noch zu spät, eingesetzt werden. Bei Lepanto (1571) wogte der Kampf im Mittelfeld lange hin und her, endlich begann sich der Vorteil auf die Seite der Osmanen zu neigen, *die Real*, das Flaggschiff Don Juan d`Austrias, war in Gefahr, geentert zu werden. In diesem Augenblick griff der Spanische Admiral Alvaro de Bazan in das Geschehen ein. Der Anprall seiner dreißig Galeeren brachte die Wende zugunsten der christlichen Flotte. Im Abschnitt „Die Hauptschlacht" lesen wir bei Clausewitz: „Und immer bleibt die Zahl der frischen Reserven das Hauptaugenmerk beider Feldherren." (Carl v. CLAUSEWITZ, *Vom Kriege*, op.cit., S. 266; siehe auch S. 269).

[26] Clausewitz hat einen eigenen Abschnitt mit dem Titel: „Die Überraschung". Hier lesen wir: „Es ist dies die Überraschung des Feindes. Sie liegt mehr oder weniger allen Unternehmungen zugrunde, denn ohne sie ist die Überlegenheit auf dem entscheidenden Punkte eigentlich nicht denkbar." (Carl von CLAUSEWITZ, *Vom Kriege*. Op. cit., S. 203). Ein Beispiel wäre die Schlacht bei Liegnitz (1760). Friedrich gewann dieses wichtige Gefecht, weil er nachts eine Stellung, die er eben erst bezogen hatte, rasch und vom Feind unbemerkt nochmals änderte. Dadurch wurde der österreichische Feldmarschall Laudon aus dem Konzept gebracht. Er verlor an diesem Tage 70 Kanonen und zehntausend Mann. Das unzugängliche Gelände hatte das preußische Manöver begünstigt.

9. 味不过五，五味之变，不可胜尝也；

Es gibt nur fünf Geschmacksrichtungen, aber ihre Mischung ermöglicht die schier unerschöpfliche Vielfalt der Kochkunst.

10. 战势不过奇正，奇正之变，不可胜穷也。

In der Schlacht gibt es grundsätzlich nur zwei Strategien, die jedoch fast unendlich viele Abweichungen vom Schema erlauben.

11. 奇正相生，如循环之无端，孰能穷之哉！

Diese beiden Strategien ändern sich mit der jeweiligen Lage, was zu einer Vielzahl von Varianten führt.

12. 至于漂石者，势也；

Der Aufprall gleicht dem Sturzbach, der selbst große Steinbrocken mitreißt.

13. 鸷鸟之疾，至于毁折者，节也。

Dieser Zusammenstoß gleicht dem Moment, wenn der Falke sich auf seine Beute stürzt.

14. 故善战者，其势险，其节短。

Deshalb wird der Aufprall, den ein guter Feldherr herbeiführt, tödlich und blitzschnell sein.

15. 势[27]如扩弩，节如发机。

Diese geballte Kraft gleicht dem gespannten Bogen, und der Abschuß gleicht dem Losschnellen der Sehne.

---

[27] Das „shi" 势 ist zu einem Schlüsselbegriff in der reformkonfuzianischen Philosophie der Tangzeit geworden. Liu Yuxi 劉禹錫 (772-843 n. Chr.) reflektiert in seiner Abhandlung „Gedanken über den Kosmos" (*tienlun* 天論) intensiv über den *shi*-Begriff. *Shi* ist hier ein Potential, eine Energieballung, die zur Entladung in der Aktion drängt. *Shi* als eine Kraft *in situ* kann aber allein schon abschreckend, also friedenserhaltend wirken, wie die apokalyptischen Atombomben Potentiale auf beiden Seiten des Kalten Krieges (1945-1990). Zu Liu Yuxi siehe: Rainer HOFFMANN / Hu QIUHUA, *Neokonfuzianer und Sinobuddhisten. Drei Studien zur Entstehung der Lixue-Philosophie in der späten Tang-Dynastie.* Arnold-Bergstraesser-Institut, Freiburg i. Br. 1997, S. 106 ff.

16. 纷纷纭纭，斗乱而不可乱；浑浑沌沌，形圆而不可败。

Auch wenn der Befehlshaber mitten im Kampflärm steht, wird er doch seinen klaren Kopf bewahren; dieses ganze Getümmel ist für ihn nur ein Mittel, um den Sieg zu erringen.

17. 乱生于治，怯生于勇，弱生于强。

Hinter diesem scheinbaren Chaos verbirgt sich nämlich eine geschulte strategische Vernunft; dieses Zurückweichen dient lediglich der Vorbereitung eines kraftvollen Vorstoßes;[28] hinter dieser geheuchelten Schwäche steht in Wahrheit eine überlegene Stärke.

18. 治乱，数也；勇怯，势也；强弱，形也。

Ob man dem Feind ein Bild der Ordnung oder Unordnung zeigt, ist lediglich eine Frage der Organisation. Ob man eine offensive oder defensive Haltung einnimmt, das hängt von der Ausgangslage ab. Ob man Stärke oder Schwäche zeigt, hängt von der eigenen Schlagkraft ab.

19. 故善动敌者，形之，敌必从之；予之，敌必取之。以利动之，以卒待之。

Ein guter General muß nicht nur die eigenen Truppenbewegungen, sondern auch die der Feinde unter Kontrolle halten. Er legt einen Köder aus, um den Gegner in die gewünschte Richtung zu locken. Dieser Köder soll ihn zu dem Punkt führen, wo die eigenen Truppen am stärksten sind.

20. 故善战者，求之于势，不责于人，故能择人而任势。

Ein guter General wird seine Stärke auf der richtigen Strategie und nicht auf dem Leben seiner Leute aufbauen. Deshalb werden sich immer genug Kämpfer finden, die bereit sind, unter seiner Fahne zu dienen.

---

[28] In der westlichen Theorie nennt man diese Vorgehensweise *„reculer pour mieux sauter"*. Arthur Koestler hat darauf eine ganze Lebensphilosophie gegründet.

21. 任势者，其战人也，如转木石。木石之性，安则静，危则动，方则止，圆则行。

Holz und Stein sind von Natur aus unbeweglich, sie rollen nur, wenn sie auf einen Abhang treffen; wenn sie quadratisch sind, bleiben sie liegen; nur wenn man sie rund macht, setzen sie sich in Bewegung. So muß der gute Kommandant die Soldaten schulen, damit sie seine Strategie unterstützen.

22. 故善战人之势，如转圆石于千仞之山者，势也。

Die Kraft, die von gut trainierten Soldaten ausgeht, gleicht der Energie von rollenden Steinen, die einen tausend Meter hohen Steilhang hinunterstürzen.

虚实第六
Kapitel VI | SCHWÄCHE UND STÄRKE

1. 孙子曰：凡先处战地而待敌者，佚，后处战地而趋战者，劳。
故善战者致人而不致于人。

Sunzi sagt: Wer als erster auf dem Schlachtfeld eintrifft, der kann seine Kräfte konsolidieren, während er den Feind erwartet. Wer aber erst später ankommt, und sofort in den Kampf gezogen wird, der ist schon zu Beginn ermüdet. Deshalb versucht der gute Stratege, den Gegner zu kontrollieren, und nicht von ihm kontrolliert zu werden.

2. 能使敌人自至者，利之也；能使敌人不得至者，害之也。

Mit einem kleinen Köder lockt man den Feind auf das vorteilhafte Terrain; oder man fügt ihm solchen Schaden zu, daß er uns nicht zuvorkommen kann.

3. 故敌佚能劳之，饱能饥之，安能动之。出其所必趋，
趋其所不意。

Wenn der Feind sich ausruhen will, dann soll man ihn aufscheuchen; wenn er gut verproviantiert ist, versucht man, seinen Nachschub abzuschneiden, damit er Mangel leidet; wenn er ein Feldlager (Biwak) aufschlagen will, darf man ihn nicht zur Ruhe kommen lassen. Werfe Truppen in die Plätze, die der Feind verteidigen muß, und erscheine gerade dort, wo er dich am wenigsten erwartet.

4. 行千里而不劳者，行于无人之地也；攻而必取者，
攻其所不守也。守而必固者，守其所必攻也。

Eine Armee kann ohne große Schwierigkeiten ein Gebiet durchqueren, wenn sich darin keine feindlichen Truppen aufhalten. Man kann jeden Platz einnehmen, wenn er nicht ernstlich verteidigt wird. Man kann jeden Platz verteidigen, wenn man zuvor weiß, daß der Feind dort attackieren wird.[29]

---

[29] Ein Beispiel bietet das oben erwähnte Malta. Nachdem Rhodos gefallen war, lag diese Felseninsel in der Fluchtlinie der osmanischen Expansion. Die Johanniter erkannten die Zeichen der Zeit, und bauten Malta nach allen Regeln der neuen Fortifikationskunst zu einer massiven Festung aus. Der Angriff des Islam

5. 故善攻者，敌不知其所守；善守者，敌不知其所攻。

Ein guter Angreifer hält den Feind im Ungewissen, wo und wie er sich verteidigen soll. Ein guter Verteidiger läßt den Feind im Ungewissen, wo und wie er angreifen soll.[30]

6. 微乎微乎，至于无形；神乎神乎，至于无声，故能为敌之司命。

O hohe Kunst, so feingesponnen, daß niemand etwas sieht; so göttlich still, daß niemand etwas hört![31] Wer diese Stufe erklommen hat, der lenkt nicht nur die eigenen Truppen, sondern auch die des Feindes.

7. 进而不可御者，冲其虚也；退而不可追者，速而不可及也。

Man kann mit fast unwiderstehlicher Gewalt vorrücken, wenn man den gegnerischen Schwachpunkt getroffen hat; wenn man beweglicher als der Feind ist, kann man seinen Rückzug organisieren, ohne vom Feind eingeholt zu werden.

8. 故我欲战，敌虽高垒深沟，不得不与我战者，攻其所必救也；

Wenn wir an einer Stelle angreifen, die der Feind unbedingt halten will, dann können wir den Gegner zum Kampf zwingen, auch wenn er sich hinter hohen Mauern und tiefen Gräben verschanzt hat.

---

erfolgte dann genau an dem vorausgesagten Punkt. Nach dreizehn Monaten Belagerung, bei der Suleiman Tausende seiner Janissaren verlor, mußte die türkische Flotte unverrichteter Dinge wieder abziehen.

[30] Ein Beispiel aus dem Österreichischen Erbfolgekrieg (1741-1745). Der junge Friedrich, eben erst König geworden, stürmte los, um Böhmen zu erobern. Sein Gegner, Feldmarschall Traun, ließ ihm immer wieder ins Leere laufen. Friedrich schrieb in einer späteren Analyse dieses für ihn desaströsen Feldzugs: *„Der König wünschte, eine Schlacht zu liefern, bevor seine Magazine aufgezehrt waren. Ein großer Schlag entsprach seinem Vorteil, aber nicht dem der Österreicher, und so vermieden sie ihn sorgfältig."* Schließlich mußte sich Friedrich ruhmlos aus Böhmen zurückziehen. (Siehe: Theodor SCHIEDER, *Friedrich der Große. Ein Königtum der Widersprüche.* Ullstein Verlag, Frankfurt/Main 1983, S. 162).

[31] Im Kapitel „Der kriegerische Genius" spricht Clausewitz gleichfalls von dieser „hohen Kunst". Er faßt die Gaben von Geistesgegenwart, Verstandeskraft und intuitiver Einfühlung im französischen Begriff des *coup d'oeuil* zusammen, die es dem höheren Kalkül erlaube, das Richtige blitzschnell und gleichsam intuitiv zu erfassen. (Siehe Carl v. CLAUSEWITZ, *Vom Kriege*, op.cit., S. 75-76; 195-96).

9. 我不欲战，虽画地而守之，敌不得与我战者，乖其所之也。

Wenn man nicht zum Kampf bereit ist, dann können wir den Feind dadurch hindern, unsere Linien anzugreifen, indem wir seine Stoßkraft in eine andere Richtung lenken.

10. 故形人而我无形，则我专而敌分。我专为一，敌分为十，是以十攻其一也。则我众敌寡，能以众击寡者，则吾之所与战者约矣。

Wenn es uns gelingt, die eigenen Planungen zu verbergen, während uns diejenigen des Gegners offen liegen, dann können wir die eigenen Kräfte konzentrieren und die des Feindes zersplittern. Wir können dann den konzentrierten Angriff unserer Truppen auf einen Gegner richten, dessen Streitkräfte verstreut sind. Dann wird unsere volle Streitmacht einen zahlenmäßig unterlegenen Feind treffen.

11. 吾所与战之地不可知，不可知则敌所备者多，敌所备者多，则吾所与战者寡矣。

Der Ort, wo wir zuschlagen wollen, muß der anderen Seite unbekannt bleiben. So ist der Feind gezwungen, sich auf einen Angriff an verschiedenen Stellen vorzubereiten. Dadurch werden sich seine Truppen zerstreuen, was bedeutet, daß ihm an der entscheidenden Stelle zu wenig Soldaten zur Verfügung stehen.

12. 故备前则后寡，备后则前寡，备左则右寡，备右则左寡，无所不备，则无所不寡。寡者，备人者也；众者，使人备己者也。

Denn wenn der Feind seine Vorhut stark macht, dann muß er seine Nachhut schwächen; und das gilt auch in der umgekehrten Reihenfolge. Wenn er seine linke Flanke stark macht, muß er seine rechte schwächen, und umgekehrt; wenn der Feind überall hin Verstärkungen wirft, dann wird er an allen Stellen geschwächt sein. Schwäche heißt, daß man sich um der Verteidigung willen aufspalten muß; Stärke hingegen heißt, daß man den Feind zwingen kann, seine Streitkräfte zu zersplittern.

13. 故知战之地，知战之日，则可千里而会战；不知战之地，不知战日，则左不能救右，右不能救左，前不能救后，后不能救前，而况远者数十里，近者数里乎！.

Wenn man Ort und Zeit der kommenden Schlacht voraussieht, dann kann man seine Truppen konzentrieren, selbst wenn man tausend

Meilen weit marschieren muß. Wenn man jedoch über Ort und Zeit der Schlacht im Dunkeln tappt, dann kann der rechte Flügel nicht den linken unterstützen und umgekehrt, und auch nicht die Vorhut die Nachhut und umgekehrt, selbst wenn man nur ein paar Kilometer von dem Ort der Entscheidung entfernt sein sollte.

14. 以吾度之，越人之兵虽多，亦奚益于胜哉！

Selbst wenn wir die Truppenzahl von Yue[32] als sehr hoch einschätzen, heißt das noch lange nicht, daß sie siegen werden.

15. 故曰：胜可为也。敌虽众，可使无斗。故策之而知得失之计，作之而知动静之理，形之而知死生之地，角之而知有余不足之处。

Denn wir sind der Ansicht, daß ein Sieg niemals selbstverständlich ist, man muß sich immer aufs Neue darum bemühen. Auch einen zahlenmäßig überlegenen Gegner kann man daran hindern, seine Stärke wirksam einzusetzen.[33] Denn nach genauer Prüfung der Lage können wir uns ein Bild von der Stärke oder Schwäche der Gegenseite machen. Man muß den Gegner provozieren, damit man erkennt, wie er seine Kräfte einsetzt. Laß den Gegner sich offenbaren und zeigen, wie er seine Truppen aufgestellt hat, dann weiß man, wo der günstigste Platz zum Schlagen ist. Fingiere einen Angriff, um die Punkte herauszufinden, an denen der Feind besonders stark oder aber besonders verwundbar ist.[34]

---

[32] Yue ist einer der vielen Staaten der Frühling- und Herbst Periode. Er lag in der Region des heutigen Jiangsu-Zhejiang.
[33] Ein Paradebeispiel hierfür bietet der Italienfeldzug (1796/97). Napoleon als kommandierender General sah sich regelmäßig einer zahlenmäßigen Übermacht gegenüber. Mit seinen ca. 40.000 Mann besiegte er in acht verschiedenen Schlachten ca.150.000 Mann der Gegenseite. Seine hohe Mobilität erlaubte ihm, die feindlichen Truppen zu überraschen und immer dann in ein Gefecht einzutreten, wenn es für die Franzosen am Günstigsten war. Napoleon erwies sich als Meister der Flankenangriffe, die geeignet waren, einen Keil in die feindlichen Kolonnen zu treiben, um ihre Kräfte zu zerstreuen.
[34] Clausewitz ist vollkommen d'accord. Unter der Überschrift: „Wirkungsart vorgeschobener Korps" heißt es: „Der Feind soll sich vor solchen Korps in seiner ganzen Stärke entwickeln, und dadurch nicht nur seine Stärke, sondern auch seine Pläne deutlicher werden lassen." (Carl von CLAUSEWITZ, Vom Kriege, op. cit., S. 341). Genau das ist die Funktion der Avantgarde auch bei Sunzi.

16. 故形兵之极，至于无形。无形则深间不能窥，智者不能谋。

Dieser fingierte Angriff muß so geschickt durchgeführt sein, daß der Gegner getäuscht wird. Verbirg deinen wirklichen Plan so gründlich, daß ihn selbst ein erfahrener Agent nicht aufdecken kann. Dann wird auch der klügste Feind kein Gegenmittel finden.

17. 因形而措胜于众，众不能知。人皆知我所以胜之形，而莫知吾所以制胜之形。

Die darauf gründende, zum Sieg führende Strategie geht über das Verständnis der breiten Massen, selbst wenn man sie offen darlegte. Alle sind sich zwar dieser Strategie bewußt, aber wie wir daraus das siegbringende Handeln entwickeln, weiß niemand.

18. 故其战胜不复，而应形于无穷。

Die Erfolg verheißende Strategie ist kein mechanisches Schema, sie muß immer an die sich ändernden Umstände angepaßt werden.

19. 夫兵形象水，水之行避高而趋下，兵之形避实而击虚；水因地而制流，兵因敌而制胜。

Denn die militärischen Taktiken gleichen dem Wasser, das immer den Berghöhen ausweicht, um nach unten zu fließen. Das gilt auch für militärische Aktionen, die stets die starken Punkte vermeiden und die Schwachstellen suchen sollen. Wasser nimmt seinen Lauf je nach dem Gelände, und die Armee paßt ihre Aktionen dem Verhalten des Feindes an.

20. 故兵无常势，水无常形。能因敌变化而取胜者，谓之神。

Das heißt, bei der Taktik gibt es wie beim Wasser keine festgelegte Form. Wer seine Taktik je nach dem Gegner verändern kann, der wird siegreich sein. Einen solchen begnadeten Feldherrn kann man „göttergleich" (*shen*) nennen, denn er hat das Wesen der Kriegskunst begriffen.

21. 故五行无常胜，四时无常位，日有短长，月有死生。

Bei den fünf Elementen[35] ist keines absolut dominant, die Vier

---

[35] Das alte China kennt fünf Elemente, nämlich 水 *Wasser*, 火 *Feuer*, 木 *Holz*, 金 *Metall* und 土 *Erde*.

Jahreszeiten sind in dauerndem Wechsel begriffen, die Tage werden ständig länger oder kürzer und die Mondphasen ändern sich täglich.

军争第七
Kapitel VII | DAS GEFECHT

1. 孙子曰：凡用兵之法，将受命于君，合军聚众，交和而舍，莫难于军争。

Sunzi sagt: Im Krieg erhält der General das Kommando von seinem Herrscher. Danach muß er die verschiedenen Truppenkontingente an sich ziehen, sie organisieren und ihre Versorgung und Quartiere sicherstellen. Am Schwersten aber ist es, eine erfolgversprechende Gefechtsposition zu gewinnen.

2. 争之难者，以迂为直，以患为利。

Die Problematik liegt aber darin, wie man schnell an sein Ziel kommt, ohne daß der Feind dies bemerkt und wie man es anstellt, ungünstige Umstände in günstige umzuwandeln.

3. 故迂其途，而诱之以利，后人发，先人至，此知迂直之计者也。

Man soll dem Feind einen Köder anbieten, um ihn abzulenken, damit man schneller ans Ziel gelangen kann, obwohl man später aufgebrochen ist. Wer das vermag, der darf sich einen Meister der Ablenkungskunst nennen.

4. 军争为利，军争为危。举军而争利则不及，委军而争利则辎重捐。

Schnell eine günstige Position gewinnen bringt zwar Vorteile, birgt aber auch gewisse Gefahren in sich. Wenn man die ganze Armee einsetzt, um eine gute Stellung zu gewinnen, dann verzögert das den Vormarsch. Wenn man diese Stellung aber nur mit den mobilen Einheiten einnehmen kann, dann besteht die Gefahr, daß der ganze Troß verloren geht.

5. 是故卷甲而趋，日夜不处，倍道兼行，百里而争利，则擒三将军，劲者先，疲者后，其法十一而至；

Wenn man die Truppen Tag und Nacht in Eilmärschen vorrücken läßt, ohne selbst des Nachts Quartier zu machen, um durch diese doppelte Leistung eine hundert Meilen entfernte strategische Position zu erreichen, dann besteht die Gefahr, die ganze Armee zu ruinieren; während die Stärkeren dieses Tempo durchhalten können, werden die Schwächeren zurückbleiben, und nur ein Zehntel der Truppen wird das Ziel erreichen.

6. 五十里而争利，则蹶上将军，其法半至；
Wenn man einen Marsch von fünfzig Meilen durchführt, um einen strategischen Vorteil zu gewinnen, dann wird der Kommandant der Ersten Division Schwierigkeiten bekommen, weil nur die Hälfte der Soldaten diesen Eilmarsch durchhalten kann.

7. 三十里而争利，则三分之二至。
Wenn man einen Marsch von dreißig Meilen durchführt, um das gleiche Ziel zu erreichen, dann wird Zweidrittel der Armee am Ziel ankommen.

8. 是故军无辎重则亡，无粮食则亡，无委积则亡。
Es ist erwiesen, daß eine Armee ohne ihre schwere Ausrüstung verloren ist; auch, daß eine Armee ohne Magazine mit Nahrungsmitteln verloren ist; desgleichen scheitert eine Armee ohne ausreichende Munitionierung.

9. 故不知诸侯之谋者，不能豫.
Man kann keine Bündnisse schließen, ohne die Interessen der Nachbarn genau zu kennen.

10. 不知山林、险阻、沮泽之形者，不能行军；不用乡导者，不能得地利。
Niemand kann eine Armee anführen, ohne genaue Kenntnisse von Bergen und Wäldern, Tälern und Schluchten und der sumpfigen Gebiete zu besitzen. Ohne die Mithilfe einheimischer Führer wird man die Geländevorteile nicht nutzen können.[36]

11. 故兵以诈立，以利动，以分和为变者也。
Im Krieg muß man die Kunst der Täuschung besitzen. Man soll nur dann vorrücken, wenn dies von Nutzen ist. Je nachdem, ob man die

---

[36] Auch Clausewitz spricht von der Gegend „als ein Verstärkungsprinzip für denjenigen, der sich ihres Beistands bedient." (Carl von CLAUSEWITZ, *Vom Kriege*, op. cit., S.263).

Truppenmasse auflockert oder konzentriert, muß die Strategie angepaßt werden.

12. 故其疾如风，其徐如林，侵掠如火，不动如山，难知如阴，
动如雷震。

Bei Eilmärschen soll man schnell sein wie der Wind. Wenn man gelassen vorrückt, soll man so ruhig sein wie ein Wald. Vorstürmen soll man wie ein loderndes Feuer, und beim Biwakieren soll man sein wie ein Berg. Für den Feind sollen deine Pläne so undurchsichtig sein wie die dunkle Nacht, und dein Angriff soll kommen wie ein Donnerschlag.

13. 掠乡分众，廓地分利，悬权而动。

Wenn man Dörfer erobert, dann soll man seine Truppen entsprechend aufteilen, und wenn man einen ganzen Landstrich einnimmt, dann soll man alle wichtigen Punkte militärisch sichern. Wie diese Platzierung der Kräfte aussehen soll, muß zuvor genau überlegt werden.

14. 先知迂直之计者胜，此军争之法也。

Wer die Kunst beherrscht, vorauszusehen, wie der Feind handeln wird, der wird letztlich den Sieg davontragen.

15. 《军政》曰："言不相闻，故为之金鼓；
视不相见，故为之旌旗。"

In einem Buch über die „Praxis des Krieges" lesen wir: „Weil man sich in der Schlacht nicht durch die einfache Sprache verständigen kann, verwendet man Posaunen und Trommeln; und weil man nicht alles sehen kann, benutzt man Fahnen und Flaggen, um die Befehle zu übermitteln."

16. 夫金鼓旌旗者，所以一民之耳目也。

Posaunen und Trommeln, sowie Fahnen und Flaggen sind alles Mittel, damit die Truppen wie von einem Willen beseelt kämpfen.

17. 民既专一，则勇者不得独进，怯者不得独退，此用众之法也。

Wenn die Truppen wie ein einziger Körper handeln, dann können die Heißsporne nicht allein vorpreschen, und die Ängstlichen können sich nicht allein zurückziehen.[37]

18. 故夜战多金鼓，昼战多旌旗，所以变人之耳目也。
Bei Nachtkämpfen wird man eher Posaunen und Trommeln einsetzen, und bei Tage soll man lieber Fahnen und Flaggen verwenden. Je nachdem, ob optische oder akustische Signale der Lage entsprechen.

19. 三军可夺气，将军可夺心。是故朝气锐，昼气惰，暮气归。
Eine ganze Armee kann ihren Kampfgeist verlieren, und selbst die Entschlossenheit eines Feldherrn kann wanken. Morgens ist es mit dem Mut der Soldaten am besten bestellt, mittags wird er allmählich schwächer und am Abend wollen die Soldaten nur noch ins Lager zurück.

20. 善用兵者，避其锐气，击其惰归，此治气者也。
Deshalb wird jeder gute General eine feindliche Armee meiden, die stark motiviert ist, und wird erst dann angreifen, wenn ihre Schlagfertigkeit abgenommen hat. Das heißt, das Prinzip des Kampfgeistes beachten.

---

[37] Sunzi berührt hier eine heikle Thematik. In der Geschichte des Krieges kommt es regelmäßig vor, daß eine Gruppe, meist junge Offiziere, die sich die Sporen verdienen wollen, verfrüht nach vorne prescht, mitten in die gegnerische Hauptmacht hinein, und durch dieses unbedachte Handeln eine Katastrophe herbeiführt. Das vielleicht folgenschwerste Beispiel bietet die Schlacht von Myriokephalon. Kaiser Manuel I. Komnenos (1143-1180) stand im Herbst 1176 mit großer Heeresmacht dem Seldschuken-Sultan Kilidsch Arslan II. von Ikonium (Konya) gegenüber. An einem Engpass des Sultan Dagh Gebirges hatten die Türken einen Hinterhalt vorbereitet. Der Kaiser, „ein geborener Feldherr" (G. Ostrogorsky), witterte die Gefahr und ließ das Heer anhalten, um Zeit zum Rekognoszieren zu gewinnen. Aber eine Kohorte von kaiserlichen Prinzen wollte nicht warten. Sie ritten los und rissen die gesamte Vorhut mit sich fort in die Falle hinein. Es war ein Gemetzel. Romanos hatte keine Wahl, er eilte mit dem Gros des Heeres zu Hilfe, nur um das gleiche Schicksal zu erleiden. „Die Prinzen waren jung, und dürsteten nach Ruhm", stellt der Chronist Niketas Choniates lakonisch fest. Die Katastrophe von Myriokephalon war ein Wendepunkt in der Geschichte von Byzanz. Das Reich verlor nahezu ganz Anatolien und wurde auf die westlichen Randgebiete Kleinasiens zurückgeworfen.

21. 以治待乱，以静待哗，此治心者也。

Er wird in aller Gelassenheit abwarten, bis sich die feindliche Marschordnung lockert, und solange stillhalten, bis ihre Führer unruhig werden. Das heißt, das Gesetz der Willensstärke beachten.

22. 以近待远，以佚待劳，以饱待饥，此治力者也。

Man soll das Schlachtfeld so wählen, daß man selber nahe daran, und der Feind entfernt davon ist, dann werden die eigenen Truppen ausgeruht in den Kampf gehen, während die des Gegners schon erschöpft sind; und die eigenen Soldaten werden gut verproviantiert sein, während es dem Feinde an Lebensmitteln fehlt. Das heißt, die Ökonomie der Kräfte beachten.

23. 无邀正正之旗，无击堂堂之陈，此治变者也。

Vermeide es, einem Gegner den Weg zu sperren, dessen Kompanien günstig aufgestellt sind; und greife kein Heer an, das noch von kriegerischem Geist beseelt ist. Das ist das Prinzip einer klugen Taktik.

24. 故用兵之法，高陵勿向，背丘勿逆，佯北勿从，锐卒勿攻，

Es gehört zu den militärischen Grundsätzen, keinen Gegner frontal anzugreifen, der den höheren Grund innehat, oder einer Truppe den Weg abzuschneiden, die von einem Hügel herabstößt. Vermeide es, einen Feind zu verfolgen, der seinen Rückzug lediglich vortäuscht. Und unterlasse es, anzugreifen, solange der Gegner noch von starkem Kampfgeist beseelt ist.

25. 饵兵勿食，归师勿遏，围师遗阙，穷寇勿迫，此用兵之法也。

Schlucke keinen Köder, den dir der Feind anbietet. Vermeide es, den Truppen, die nach ihren Quartieren streben, den Rückzug abzuschneiden. Wenn du den Feind eingekreist hast, laß ihm eine Lücke zur Flucht frei. Treib den Feind nicht in eine ausweglose Position. Dies gehört zur Kunst der Truppenführung.

1. 孙子曰：凡用兵之法，将受命于君，合军聚合。
Sunzi sagt: Im Kriege empfängt der General seine Kommandogewalt vom Herrscher, dann stellt er eine Armee auf.

2. 圮地无舍，衢地合交，绝地无留，围地则谋，死地则战，
In einem unzugänglichen Gelände soll man kein Lager aufschlagen; in einer Gegend, die von zahlreichen Straßen durchzogen wird, soll man versuchen, Verbündete zu gewinnen. In einer gefährlich isolierten Position soll man sich nur kurzzeitig aufhalten. In einer allzu beengten Stellung muß man seine strategischen Fähigkeiten einsetzen. In einer verzweifelten Lage bleibt nur noch der Kampf.

3. 途有所不由，军有所不击，城有所不攻，地有所不争，
君命有所不受。
Der Heerführer muß selbst entscheiden, welches die beste Marschrichtung ist, welche Truppen er bekämpfen will, welche Städte er belagern will, welche Positionen er gewinnen will, und auch, welchen Anordnungen des Herrschers er folgen will.

4. 故将通于九变之利者，知用兵矣；
Nur wer diese neun Varianten des taktischen Handelns gründlich begreift, der ist ein guter Heerführer.[38]

5. 将不通九变之利，虽知地形，不能得地之利矣；
Einem General, der diese neun Punkte nicht beherrscht, dem wird auch gute Landeskenntnis keinen Gewinn bringen.

---

[38] Der älteste erhaltene Text des *pingfa* stammt aus der Hanzeit und ist auf Bambusstäbchen geschrieben. Es kommt öfters vor, daß die haltenden Bändchen verrottet sind, und die Stäbchen ihre ursprüngliche Anordnung verlieren. Die daraus folgenden Unklarheiten führten zu unterschiedlichen Meinungen der sinologischen Fachwelt über die korrekte Reihenfolge der Schriftzeichen, was sich natürlich auf den Inhalt auswirkt.

6. 治兵不知九变之术，虽知五利，不能得人之用矣。

Selbst wenn der Heerführer alle fünf günstigen Strategien kennt, aber ihre Anwendung nicht den Umständen anpassen kann, wird er dennoch seine Truppen nicht optimal einsetzen können.

7. 是故智者之虑，必杂于利害，杂于利而务可信也，
杂于害而患可解也。

Deshalb wird der kluge Heerführer die Vor- und die Nachteile sorgfältig abwägen. Wenn man zu den Vorteilen stets auch die möglichen Nachteile mitbedenkt, dann wird man die anstehende Aufgabe erfüllen und wird eine mögliche Katastrophe verhindern können.

8. 是故屈诸侯者以[39]害，役诸侯者以业，趋诸侯者以利。

Dem Feind gegenüber gibt es drei Methoden: ihn durch Gewaltanwendung unterwerfen, ihn durch ständige Störmanöver destabilisieren, oder ihn durch Gewährung von Vorteilen für sich gewinnen.

9. 故用兵之法，无恃其不来，恃吾有以待之；无恃其不攻，
恃吾有所不可攻也。

Die Kunst des Krieges lehrt uns: sich keine falschen Hoffnungen zu machen, daß der Feind nicht kommen wird, sondern sich gut vorbereiten, um ihn gebührend zu empfangen; nicht zu erwarten, daß der Feind nicht angreifen wird, sondern vielmehr sich selbst unangreifbar zu machen.

10. 故将有五危，必死可杀，必生可虏，忿速可侮，廉洁可辱，
爱民可烦。

Einem Heerführer können fünf gefährliche Fehler unterlaufen: (1) um jeden Preis kämpfen wollen, was zur Niederlage führen kann; (2) unbedingt überleben zu wollen, was Gefangenschaft zur Folge haben kann; (3) sich von Provokationen verleiten lassen und sich zu hitzig in den Kampf zu stürzen; (4) sich zu Fehlhandlungen verleiten lassen, weil man sich zu sehr auf den Ehrenstandpunkt stellt; (5) zu sehr das Wohl der Truppe im Auge haben, wodurch Nachteile entstehen können.

---

[39] 以 Yi ist hier der *modus instrumentalis*: durch; vermittelst.

11. 凡此五者，将之过也，用兵之灾也。

Diese fünf Fehler eines Heerführers können den Ruin der ganzen Armee verursachen.

12. 覆军杀将，必以五危，不可不察也。

Wenn eine Armee untergeht und ihr Führer getötet wird, dann kann man sicher sein, daß einer von diesen fünf Fehlern die Ursache war. Deshalb ist es absolut nötig, sie immer im Auge zu behalten.

行军第九

Kapitel IX | WIE MAN MIT DER ARMEE OPERIEREN SOLL

1. 孙子曰：凡处军相敌，绝山依谷，视生处高，战隆无登，
此处山之军也。

Sunzi sagt: Wenn man ein Feldlager einrichtet, dann muß man gleichzeitig den Feind beobachten. Im Bergland soll man sich entlang der Täler bewegen. Sein Quartier soll man auf den Anhöhen und nach Süden zu aufschlagen. Falls die Anhöhe schon besetzt ist, soll man auf keinen Fall einen Angriff starten. Das sind die Grundregeln bei Kämpfen im Bergland.[40]

2. 绝水必远水，客绝水而来，勿迎之于水内，令半渡而击之利，

Wenn man einen Fluß überquert, dann soll die Vorhut sofort beginnen, feste Stellungen anzulegen. Wenn aber der Feind über den Fluß kommt, darf man ihn nicht mitten in der Strömung aufhalten; sondern man läßt ihn kommen, und greift dann an, wenn sich die Hälfte seiner Truppen noch im Wasser befindet.

3. 欲战者，无附于水而迎客，视生处高，无迎水流，
此处水上之军也。

Wenn man sich für den Kampf entschieden hat, soll man den Gegner nicht dran hindern, den Fluß zu überqueren. Wähle dein Lager am Oberlauf des Flusses und nicht weiter unten. Das sind die Grundregeln bei Kämpfen in Flußtälern.

4. 绝斥泽，唯亟去无留，若交军于斥泽之中，必依水草而背众树，
此处斥泽之军也。

Salzsümpfe, die man durchqueren muß, soll man so rasch wie möglich hinter sich bringen. Falls man aber gezwungen wird, in einer solchen Gegend zu kämpfen, dann soll man einen Platz suchen, wo es gutes Wasser und Gras gibt, und möglichst einige Bäume im Hintergrund. Da sind die Grundregeln bei Kämpfen in Sumpfgebieten.

---

[40] Clausewitz hat einen eigenen Abschnitt, „*Überhöhungen*", zum Kampf im Bergland. Es geht hier um die „beherrschenden Stellungen", die es möglichst rasch einzunehmen gilt, bevor der Feind einem zuvorkommt. Siehe: Carl von CLAUSEWITZ, *Vom Kriege*, op. cit., S. 397 ff.

5. 陆处易，右背高，前死后生，此处平陆之军也。

In ebenem Gelände soll man seine stärksten Bataillone auf erhöhtem Grund platzieren, damit der Rücken frei bleibt; dann kann man nach vorne den Feind attackieren, und ist zugleich nach hinten abgesichert. Das sind die Grundregeln bei Kämpfen in ebenem Gelände.

6. 凡此四军之利，黄帝之所以胜四帝也。

Mit Hilfe dieser vier militärischen Regeln hat damals der Gelbe Kaiser die vier benachbarten Herrscher besiegt.

7. 凡军好高而恶下，贵阳而贱阴，养生而处实，军无百疾，
是谓必胜。

Jede Armee wird dem höheren Grund den Vorzug vor den Niederungen geben, und wird die Sonnenseite der Schattenseite vorziehen. Man soll die Truppen gut verpflegen, und für einen ausreichenden Nachschub von Lebensmitteln Sorge tragen. Dann wird die Armee von Krankheiten aller Art verschont bleiben. All das sind notwendige Voraussetzungen für den Sieg.[41]

8. 丘陵堤防，必处其阳而右背之，此兵之利，地之助也。

In einer Gegend, die von Hügeln oder Schluchten geprägt ist, richtet man sein Lager auf der Sonnenseite ein, und platziert die besten Truppen auf der Höhe, mit dem Ziel, sich den Rücken freizuhalten.[42] Dies heißt, sich den Beistand des Geländes zu sichern.

---

[41] Einer der Gründe, weshalb Friedrich der Große immer wieder zahlenmäßig überlegene Feinde besiegen konnte, liegt im Verpflegungswesen. Der König hatte überall Magazine anlegen lassen, ein effektives System des Unterhalts ermöglichte es, seine Truppen reichlich zu verköstigen. Die Entscheidungsschlacht von Roßbach (November 1757) wurde auch deshalb gewonnen, weil es zahlreiche Überläufer gab. Vor allem die Soldaten der Reichsexekutionsarmee waren miserabel versorgt, viele mußten mit hungrigen Mägen in die Schlacht ziehen, und waren entsprechend demoralisiert. Sie lösten sich von ihren Verbänden und wanderten zu den preußischen Fleischtöpfen hinüber. Die reine Numerik: Ca. 20.000 Preußen gegen ca. 40.000 auf der Gegenseite hat also wenig zu besagen.
[42] Clausewitz benutzt in seinem Abschnitt *Über das Gefecht* folgende Worte: „Es entsteht hieraus ein wahrer Instinkt für die Kriegsführung: nämlich die Sicherung des eigenen Rückens und die Gewinnung des feindlichen ... Nicht die kleinste Abteilung wird sich je auf ihren Gegner werfen, ohne an ihren Rückzug zu denken ... Er wird so der Punkt, um welchen sich fast alle taktischen und strategischen Manöver drehen." (CLAUSEWITZ, *Vom Kriege*, op. cit., S. 247).

9. 上雨水沫至，欲涉者，待其定也。

Falls die Furt durch schweren Regen am Oberlauf von schäumendem Wasser angeschwollen ist, soll man beim Überqueren warten, bis sich der Fluß beruhigt hat.

10. 凡地有绝涧、天井、天牢、天罗、天陷、天隙，必亟去之，勿近也。

Ein Gelände, worin es tiefe Schluchten und Spalten, dichtes Gestrüpp und andere unzugängliche Ort gibt, soll man weiträumig umgehen.

11. 吾远之，敌近之；吾迎之，敌背之。

Indem wir selber solches Terrain vermeiden, sollten wir versuchen, den Feind dorthin zu locken. Wenn wir dem Feind gegenüberstehen, sollen seine Truppen diese unwirtliche Zone im Rücken haben.

12. 军旁有险阻、潢井、葭苇、山林、蘙荟者，必谨覆索之，此伏奸之所处也。

Falls es in der Landschaft gefährliche Berge, Teiche, Sümpfe und Waldungen mit dichtem Unterholz gibt, dann muß man diese Stellen sorgfältig durchkämmen, weil dies die geeigneten Orte für einen feindlichen Hinterhalt sind.

13. 敌近而静者，恃其险也；远而挑战者，欲人之进也；

Wenn sich der Feind in der Nähe aufhält, aber in abwartender Ruhe verharrt, dann befindet er sich wahrscheinlich in günstigen geographischen Verhältnissen. Wenn sich seine Kolonnen hingegen in einiger Entfernung befinden, aber uns durch ständige Scheinangriffe provozieren, dann will er uns zum Vormarsch verführen.

14. 其所居易者，利也；众树动者，来也；众草多障者，疑也；

Wenn das feindliche Lager allzu leicht angreifbar ist, dann muß man wachsam sein, denn es könnte eine Falle bedeuten. Wenn sich die Bäume des Waldes unnatürlich bewegen, dann könnte der Feind dort entlang marschieren. Falls inmitten des Unterholzes zahlreiche Hindernisse angelegt sind, dann will man uns wahrscheinlich täuschen.

15. 鸟起者，伏也；兽骇者，覆也；尘高而锐者，车来也；
卑而广者，徒来也；散而条达者，樵采也；少而往来者，营军也；
Wenn man sieht, daß Vögel auffliegen, ist das ein Indiz für einen
möglichen Hinterhalt. Und wenn wilde Tiere aufgescheucht werden, könnten dort feindliche Truppen lagern, die uns angreifen wollen. Wenn man eine Staubwolke sieht, dann weiß man, daß die
feindliche Kavallerie nach vorne stürmt. Wenn aber der Staub in
breiter Front aufwirbelt, dann ist das ein Zeichen, daß Kolonnen der
Infanterie vorwärts marschieren. Wenn sich dagegen Streifen von
Staub bilden, dann heißt das, daß der Feind dabei ist, aufgesammel-
tes Holz zu transportieren. Wenig Staub, der sich in verschiedene
Richtungen verteilt, bedeutet, daß der Feind dort ein Lager aufschlagen will.

16. 辞卑而备者，进也；辞强而进驱者，退也；
Wenn sich der Feind mit Worten zurückhält, aber starke Vorbereitungen trifft, dann steht ein Angriff bevor. Wenn der Feind jedoch
großspurig einen Angriff ankündigt, dann bereitet er wahrscheinlich schon seinen Rückzug vor.

17. 轻车先出居其侧者，阵也；无约而请和者，谋也；
Wenn die leichteren Streitwagen vorfahren und ihre Position an den
Flügeln einnehmen, dann bereitet sich eine Schlacht vor. Friedens-
vorschläge, die ganz unerwartet gemacht werden, sind meistens ein
Trick.

18. 奔走而陈兵者，期也；半进半退者，诱也；
Wenn die Soldaten dabei sind, rasch ihren Platz in den Reihen einzunehmen, dann nähert sich der Zeitpunkt der Schlacht. Wenn die
eine Hälfte der Truppen nach vorne strebt, und dann wieder zu-
rückmarschiert, will uns der Feind in eine Falle locken.

19. 杖而立者，饥也；汲而先饮者，渴也；
Wenn die Soldaten stehen und sich dabei auf ihre Speere stützen,
dann haben sie nicht ausreichend zu essen. Wenn die Wasserholer
erst selber trinken, dann leidet die Truppe unter Durst.

20. 见利而不进者，劳也；鸟集者，虚也；夜呼者，恐也；

Wenn eine Beute in Sicht ist, ohne daß jemand Anstalten macht, sie zu holen, dann sind die Soldaten erschöpft. Wenn sich die Vögel an einem Platz sammeln, dann ist dieses Lager verlassen. Rufe und Schreie in der Nacht zeigen an, daß die Feinde anfangen, die Nerven zu verlieren.

21. 军扰者，将不重也；旌旗动者，乱也；吏怒者，倦也；

Ein Lager, indem Unordnung herrscht, bedeutet, daß der General seine Autorität verloren hat. Wenn die Fahnen und Wimpel hin und her getragen werden, dann sind die Mannschaften untereinander uneins. Wenn die Offiziere häufig die Selbstbeherrschung verlieren, zeugt das von einer allgemeinen Erschöpfung.

22. 粟马肉食者，军无粮也；悬甀不返其舍者，穷寇也；

Eine Armee, die anfängt, ihre Pferde mit Getreide zu füttern, und ihr Vieh zu schlachten, um nochmals gut zu essen, zeigt, daß sie keine Vorräte mehr hat; wenn die Soldaten keine Kochtöpfe mehr über die Lagerfeuer hängen, dann sagt das uns, daß sie nicht mehr in ihre Zelte zurückkehren werden. All das bedeutet, daß sie zu einem letzten, verzweifelten Gefecht ausrücken wollen.

23. 谆谆翕翕，徐与人言者，失众也；数赏者，窘也；数罚者，困也；

Wenn die Soldaten heimlich in kleinen Gruppen zusammenstehen und tuscheln, heißt das, daß ihr Kampfgeist erlahmt ist. Und wenn zu viel Belohnungen versprochen werden, deutet das darauf, daß man keine anderen Möglichkeiten mehr hat. Wenn zu viel Bestrafungen vorkommen, verrät das gleichfalls, daß man sich in großen Schwierigkeiten befindet.

24. 先暴而后畏其众者，不精之至也；来委谢者，欲休息也。

Anfangs große Worte machen, später jedoch über die Anzahl der Feinde erschrecken, beweist die mangelnde Intelligenz des Generals. Falls Gesandte mit Geschenken und entschuldigenden Worten kommen, deutet das darauf hin, daß der Feind einen Waffenstillstand sucht.

25. 兵怒而相迎，久而不合，又不相去，必谨察之。

Wenn die feindlichen Truppen aufmarschieren, und lange verharren, ohne aber anzugreifen, so erfordert diese Situation Vorsicht und genaue Beobachtung.

26. 兵非贵益多也，惟无武进，足以并力料敌取人而已。

Beim Kampfe gilt nicht die Devise „Je mehr Soldaten desto besser", sondern es ist von Wichtigkeit, daß man nicht kopflos vorwärtsstürmt. Es genügt, seine Kräfte zusammenzuhalten, den Feind richtig zu beurteilen, und die Leute für die eigene Sache zu begeistern.

27. 夫惟无虑而易敌者，必擒于人。

Wer aber planlos vorgeht und den Feind unterschätzt, der wird gewißlich in Gefangenschaft geraten.

28. 卒未亲而罚之，则不服，不服则难用。卒已亲附而罚不行，则不可用。

Wer seine Soldaten bestraft, bevor sich eine engere Bindung hergestellt hat, wird erleben, daß sie dann den Befehlen nicht mehr folgen. Und wenn sie den Befehlen nicht folgen, dann kann man sie praktisch nicht einsetzen. Wenn jedoch eine Bindung hergestellt ist, ohne daß die Disziplin durchgesetzt wird, dann sind die Soldaten gleichfalls ohne Wert.

29. 故合之以文，齐之以武，是谓必取。

Deshalb soll der General seine Truppen mit Nachsicht behandeln, während er andererseits strenge Beachtung der Vorschriften verlangt. So wird er kampfbereite Soldaten heranbilden.

30. 令素行以教其民，则民服；令素不行以教其民，则民不服。令素行者，与众相得也。

Soldaten, die man schon frühzeitig an die militärische Zucht gewöhnt, werden auch in der Schlacht den Befehlen folgen. Andernfalls werden sie keine Disziplin halten. Ein General, der sich Autorität verschaffen kann, wird auch zu seinen Soldaten ein gutes Verhältnis gewinnen.

地形第十

Kapitel X | DAS TERRAIN

1. 孙子曰：地形有通者、有挂者、有支者、有隘者、有险者、
有远者。

Sunzi sagt: Wir können sechserlei Geländeformen unterscheiden:
diese werden nachfolgend mit ihren Besonderheiten einzeln aufge-
führt:

2. 我可以往，彼可以来，曰通。通形者，先居高阳，利粮道，
以战则利。

Örtlichkeiten, die für beide Seiten zugänglich sind, werden „tong"
benannt; dieses Gelände soll man zuerst besetzen, vor allem die Hö-
hen und die sonnigen Seiten, um den Nachschub zu sichern; hier
bietet sich auch das günstigste Terrain für ein siegreiches Gefecht.

3. 可以往，难以返，曰挂。挂形者，敌无备，出而胜之，
故若有备，出而不胜，难以返，不利。

Gegenden, in die man zwar leicht hineinkommt, aber schwer wieder
hinausgelangt, werden „gua" genannt. In solchem Gelände kann
man einen schlecht vorbereiteten Feind leicht überraschen und besiegen. Aber wenn der Feind gut gerüstet ist, dann kann man bei
unglücklichem Gefechtsverlauf keinen geordneten Rückzug mehr
antreten; deshalb ist dieses Gelände eher ungünstig.[43]

4. 我出而不利，彼出而不利，曰支。支形者，敌虽利我，
我无出也，引而去之，令敌半出而击之利。

Ein Gelände, das sowohl für unsere Truppen als auch für die der
Gegenseite nachteilig ist, wird „zhi" benannt. Diese Art Terrain
müssen wir vermeiden, selbst wenn uns der Feind einen Köder anbietet. Hingegen sollen wir den Feind mit einem scheinbaren Rück-

---

[43] Sunzi, Clausewitz und Friedrich der Große sind sich einig in der Überzeugung,
es sei eine der wichtigsten Aufgaben des guten Kommandanten, gleich bei der
Aufstellung des Gefechtsplans dafür Sorge zu tragen, daß den Truppen der Rücken frei bleibt, um im Ernstfall eine *„geordnete retraite"* (Fr. d. Große) zu ermöglichen.

zug hineinlocken, um dann, wenn seine Kolonnen halbwegs darin sind, einen Angriff zu starten.

5. 隘形者，我先居之，必盈之以待敵。若敵先居之，盈而勿從，不盈而從之。

In einem Gelände, das von Bergen mit engen Paßstraßen (yi) geprägt ist, soll man diese möglichst rasch besetzen und mit ausreichenden Kräften sichern. Falls der Feind vor uns und mit starken Verbänden hingelangt ist, sollen wir keinen Kampf führen. Falls er aber zu wenig Truppen hat, sollten wir einen Angriff unternehmen.

6. 险形者，我先居之，必居高阳以待敵；若敵先居之，引而去之，勿從也。

Ein Gelände, das durch tiefe Einschnitte und Schluchten gekennzeichnet ist, wird „xian" genannt. Falls unsere Truppen vor dem Gegner anlangen, sollen wir zuerst die Anhöhen auf der Sonnenseite besetzen, und so gesichert, die feindlichen Verbände erwarten. Wenn jedoch der Feind uns zuvorkommt, dann sollten wir uns zurückziehen und keinen Kampf anbieten.

7. 远形者，势均难以挑战，战而不利。

Ein Gelände, das weit entfernt von unseren Linien liegt, wird „yuan" genannt. Wenn in dieser Lage unsere Kräfte und die der Feinde in etwa gleich sind, wäre ein Gefecht für uns eher von Nachteil.

8. 凡此六者，地之道也，将之至任，不可不察也。

Diese sechs Grundregeln sind eng mit der Beschaffenheit des Terrains verbunden. Es gehört zu den wichtigsten Aufgaben eines Feldherrn, sich diese Regeln unbedingt einzuprägen.

9. 凡兵有走者、有驰者、有陷者、有崩者、有乱者、有北者。凡此六者，非天地之灾，将之过也。

Es gibt ebenfalls sechs Phänomene, die sich auf die Soldaten beziehen. Diese werden im Folgenden dargestellt. Sie ergeben sich nicht aus der Natur des Krieges, sondern sind in der Fehleinschätzung des Generals begründet.

10. 夫势均，以一击十，曰走；

Wenn bei sonst gleichen Voraussetzungen eine Einheit gegen zehn kämpfen soll, dann wird diese sicherlich die Flucht ergreifen. Und diesen Zustand nennt man „zou".

11. 卒强吏弱，曰驰；

Wenn die Fußsoldaten zu selbstsicher und ihre Offiziere zu willensschwach sind, folgt daraus ein Mangel an Disziplin. Dies nennt man „chi".

12. 吏强卒弱，曰陷；

Wenn die Offiziere von starkem Kampfgeist erfüllt und die Soldaten jedoch nicht kampfbereit sind, dann führt das zum Untergang. Das nennt man „xian".

13. 大吏怒而不服，遇敌怼而自战，将不知其能，曰崩；

Wenn die höheren Offiziere ihren eigenen Kopf haben und die Befehle von oben mißachten, dann werden sie bei der Begegnung mit dem Feind selbständig und ohne Zusammenhang mit dem Ganzen kämpfen. Der General ist im Unklaren über die wirklichen Fähigkeiten der höheren Offiziere. Die Folge ist der Zusammenbruch der Armee. Das nennt man „beng".

14. 将弱不严，教道不明，吏卒无常，陈兵纵横，曰乱；

Wenn der General inkompetent ist, ohne wirkliche Autorität zu besitzen, dann werden seine Befehle widersprüchlich sein. Daraus folgt, daß das Verhältnis zwischen Offizieren und Gemeinen angespannt ist. Und beim Kampf wird sich die Schlachtordnung auflösen. Das nennt man „luan".

15. 将不能料敌，以少合众，以弱击强，兵无选锋，曰北。

Wenn ein General unfähig ist, die feindliche Truppenstärke richtig einzuschätzen, wird er versucht sein, ein zahlenmäßig schwaches Kontingent gegen ein numerisch überlegenes antreten zu lassen, und er wird es versäumen, Eliteeinheiten an die Frontlinie zu schicken. Die Folge ist der allgemeine Ruin. Das nennt man „bei".

16. 凡此六者，败之道也，将之至任，不可不察也。

Alle diese sechs Faktoren führen in die Niederlage. Deshalb ist es die Pflicht eines jeden kommandierenden Generals, sie sorgfältig zu studieren.

17. 夫地形者，兵之助也。料敌制胜，计险隘远近，上将之道也。

Die Geographie ist der wichtigste Verbündete der Truppen. Um die feindliche Stärke genau einzuschätzen und einen siegreichen Kampf zu führen, müssen die oben beschriebenen sechs Geländeformationen in Betracht gezogen werden. Dies ist die Aufgabe eines guten Armeeführers.

18. 知此而用战者必胜，不知此而用战者必败。

Wer um diese Dinge weiß und sie anzuwenden versteht, der wird den Sieg erringen. Wer sie außer Acht läßt, und dennoch in den Kampf zieht, der wird eine Niederlage erleiden.

19. 故战道必胜，主曰无战，必战可也；战道不胜，主曰必战，
无战可也。

Wenn die Verhältnisse einen siegreichen Kampf in Aussicht stellen, dann soll man angreifen, selbst wenn der Herrscher sich dagegen wendet. Wenn die Umstände jedoch einem Sieg entgegenstehen, dann soll man nicht kämpfen, selbst wenn der Herrscher den Angriff befiehlt.

20. 故进不求名，退不避罪，唯民是保，而利于主，国之宝也。

Ein General, der, ohne nach Ruhm zu streben, in die Schlacht zieht, und auch ohne Furcht vor Bestrafung einen notwendigen Rückzug antritt; der dabei nur den Schutz von Land und Volk im Sinne hat, und auf diese Weise auch seinem Herrscher Nutzen bringt, – ein solcher Feldherr ist ein wahrer Gewinn für sein Land.

21. 视卒如婴儿，故可以与之赴深溪；视卒如爱子，故可与之俱死。

Der General soll seine Truppen wie seine Kinder behandeln, dann werden sie ihm selbst in die tiefsten Schluchten hinein folgen. Wenn er seine Soldaten wie seine Söhne behandelt, dann werden sie ihn auch in der tödlichen Gefahr nicht verlassen.

22. 而不能使，爱而不能令，乱而不能治，譬若骄子，不可用也。

Wenn er aber zu nachsichtig ist, ohne die nötige Zucht einzufordern, und seine Soldaten verwöhnt, ohne ihnen klare Befehle zu erteilen, dann löst sich die militärische Ordnung auf. Die Armee gleicht dann einem verwöhnten Sohn, mit dem man nichts mehr anfangen kann.

23. 知吾卒之可以击，而不知敌之不可击，胜之半也；

Wenn unsere Truppen kampfbereit sind, ohne aber zu erkennen, daß der Feind nicht besiegt werden kann, dann hat man den Sieg erst zur Hälfte gewonnen.

24. 知敌之可击，而不知吾卒之不可以击，胜之半也；

Wenn man weiß, daß der Feind besiegbar ist, ohne aber zu beachten, daß die eigenen Truppen nicht kampfbereit sind, dann hat man den Sieg ebenfalls erst zur Hälfte gewonnen.

25. 知敌之可击，知吾卒之可以击，而不知地形之不可以战，
胜之半也。

Wenn man zwar weiß, daß sowohl die feindlichen als auch die eigenen Truppen kampfbereit sind, ohne jedoch zu erkennen, daß das gewählte Terrain für die eigenen Truppen ungünstig ist, auch dann hat man den Sieg erst zur Hälfte gewonnen.

26. 故知兵者，动而不迷，举而不穷。故曰：知彼知己，胜乃不殆；
知天知地，胜乃可全。

Deshalb läßt sich der erfahrene General, wenn er einmal die Offensive eingeleitet hat, nicht irre machen; er kommandiert seine Truppen so, wie die Lage es fordert. Daher heißt es: wer die Gegenseite und sich selber kennt, der wird siegreich bleiben, ohne Niederlagen zu erleiden. Und wenn er zudem noch den richtigen Zeitpunkt wählt und den geographischen Faktor zu seinen Gunsten einzusetzen versteht, dann ist sein Sieg gesichert.

Kapitel XI | DIE NEUN VERSCHIEDENEN ARTEN DES TERRAINS

1. 孙子曰：用兵之法，有散地，有轻地，有争地，有交地，有衢地，有重地，有泛地，有围地，有死地。

Sunzi sagt: Wer einen Krieg führen will, der muß sich mit den neun verschiedenen Geländeformationen gründlich vertraut machen. Diese werden im Folgenden genauer erläutert:

2. 诸侯自战其地者，为散地；

Wenn man im eigenen Herrschaftsbereich Krieg führt, so nennt man das „sandi." (Weil sich die Soldaten dann leicht aus ihren Verbänden lösen und zerstreuen können).

3. 入人之地不深者，为轻地；

Wenn sich unsere Armee bereits ins Feindesland vorgeschoben hat, aber noch nicht sehr weit, dann nennt man das „qingdi". (Gemeint ist die damit verbundene instabile Situation, da die Soldaten noch leicht den Rückzug antreten können).

4. 我得亦利，彼得亦利者，为争地；

Ein Gelände, das gleichermaßen für uns und für den Feind Vorteile bietet, nennt man „zhengdi". (Ein so beschaffenes Terrain wird immer wieder zum Kriegsschauplatz werden).

5. 我可以往，彼可以来者，为交地；

Ein Gelände, in das wir und die Feinde gleichermaßen leicht einmarschieren können, nennt man ein „jiaodi". (Gemeint ist ein leicht zugängliches Gebiet, das wenig natürliche Hindernisse besitzt).

6. 诸侯之地三属，先至而得天下众者，为衢地；

Wer das Territorium, wo verschiedene Staaten aneinanderstoßen, zuerst erobert, dem wird es leichtfallen, Bündnispartner zu gewinnen. Das nennt man ein „qudi". (Gemeint ist ein Landstrich mit guten Verbindungen nach allen Seiten).[44]

---

[44] Clausewitz hat dem Thema „Verbindungslinien" ein eigenes Kapitel in seinem

7. 入人之地深，背城邑多者，为重地；

Wenn eine Armee tief in Feindesland eingedrungen ist, gibt es not-
wendigerweise zahlreiche befestigte Städte an ihrer rückwärtigen
Front. So ein Terrain nennt man ein „zhongdi". (Gemeint ist, daß ein
eventuell notwendiger Rückzug dadurch erschwert wird).[45]

8. 山林、险阻、沮泽、凡难行之道者，为圯地；

Berge und Wälder, tiefe Schluchten und morastige Landstriche sind
allesamt schwer zu durchqueren. Solche Terrains nennt man ein
„pidi".

9. 所由入者隘，所从归者迂，彼寡可以击吾之众者，为围地；

In einem Gelände, in welches wir nur durch enge Pässe hineinge-
langen können, und deshalb ein Rückzug schwer zu bewerkstelli-
gen ist, kann uns der Feind leicht angreifen, selbst wenn er nur über
eine geringe Truppenmacht verfügt. So ein Terrain nennt man ein
„weidi".

10. 疾战则存，不疾战则亡者，为死地。

Ein Gelände, in dem uns nur ein verzweifelter Kampf retten kann,
nennt man ein „sidi".

11. 是故散地则无战，轻地则无止，争地则无攻，交地则无绝，

Daher sollte man in einem „sandi" überhaupt nicht kämpfen. In einem „qingdi" sollte man nicht anhalten. In einem „zhengdi" sollte
man keinen Angriff starten. In einem „jiaodi" sollte man seine
Marschkolonnen eng beieinander halten.[46]

---

kriegstheoretischen Werk gewidmet, siehe: Carl von CLAUSEWITZ, *Vom Kriege.*
Op. cit. Fünftes Buch, Kapitel 16, S. 389 ff.
[45] Befestigte Plätze im Rücken einer Invasionsarmee erschweren den Vormarsch
des Angreifers und kommen den Verteidigern zugute, weil sie immer einen Gut-
teil der feindlichen Truppe binden. Eine erschöpfende Behandlung der Thematik
findet sich bei: Carl von Clausewitz, *Vom Kriege*, op. cit., Sechstes Buch, zehntes
Kapitel: Festungen, S. 456 ff.
[46] Weil sonst nämlich die Gefahr besteht, daß in einem Gelände mit zahlreichen
Straßenverbindungen plötzlich feindliche Formationen auftauchen, und isoliert
marschierende Kolonnen angreifen können.

12. 衢地则合交，重地则掠，圮地则行，围地则谋，死地则战。

In einem „qudi" sollte man versuchen, so rasch wie möglich Bündnispartner zu gewinnen. In einem „zhongdi" sollte man möglichst viel Kriegsbeute machen. In einem „pidi" sollte man möglichst rasch durchmarschieren. In einem „weidi" sollte man seine strategischen Kenntnisse einsetzen. In einem „sidi" bleibt den Truppen nur noch der entschlossene Kampf auf Leben und Tod.

13. 古之善用兵者，能使敌人前后不相及，众寡不相恃，
贵贱不相救，上下不相收，

Die guten Heerführer in der Geschichte verstanden es, die feindliche Masse aufzuspalten, um zu verhindern, daß sich die Truppenteile gegenseitig unterstützen. Und um gleichfalls zu verhindern, daß die Eliteeinheiten ihren schwächeren Kameraden zu Hilfe eilen. Außerdem, um zu verhindern, daß Offiziere und Mannschaften erfolgreich kooperieren können.

14. 卒离而不集，兵合而不齐。合于利而动，不合于利而止。

Wenn die feindlichen Soldaten ihren Zusammenhalt und damit ihre Kampfordnung verloren haben, dann muß man entscheiden, ob der Zeitpunkt zur Offensive gekommen ist. Wenn ja, dann muß man schnell vorrücken, wenn aber nicht, dann muß man eilends den Rückzug antreten.

15. 敢问，敌众而整将来，待之若何？

Frage: Was kann man machen, wenn zahlreiche und gut aufgestellte feindliche Truppen auf uns zu marschieren?

16. 曰：先夺其所爱则听矣。

Antwort: Man soll sogleich ein wichtiges Glied des feindlichen Truppenkörpers attackieren, dann werden sie uns ernst nehmen.

17. 兵之情主速，乘人之不及。由不虞之道，攻其所不戒也。

Beim Kriegsführen kommt es auf schnelles Zuschlagen an. Man soll die Zeit nutzen, bevor die feindlichen Einheiten sich organisiert haben, und soll wenig bekannte Wege nehmen, um dort anzugreifen, wo der Feind uns nicht erwartet.[47]

18. 凡为客之道，深入则专。主人不克，

Wenn man sich tief im Feindesland befindet, dann muß man seine Marschkolonnen fest zusammenhalten. Nur so wird man der Vernichtung entgehen.

19. 掠于饶野，三军足食。谨养而勿劳，并气积力，运兵计谋，为不可测。

Man muß den Nachschub der Armee sicherstellen, indem man die fruchtbaren Regionen kräftig zur Ader läßt. Man gönne den Soldaten ihre Erholung und vermeide zu große Anforderungen, damit sie bei Laune bleiben, und ihre Kräfte regenerieren können. Man soll den Vormarsch der Armee so klug planen, daß er dem Feind verborgen bleibt.

20. 投之无所往，死且不北。死焉不得士人尽力。

Man bringe die Soldaten in eine Lage, aus der kein Rückzug möglich ist; im Angesicht des Todes werden Offiziere und Mannschaften mit dem Mute der Verzweiflung kämpfen.

21. 兵士甚陷则不惧，无所往则固，深入则拘，不得已则斗。

Streitkräfte, die sich in höchster Gefahr befinden, verlieren jede Angst. Wenn es keinen Ausweg mehr gibt, wächst bei der Truppe die Entschlossenheit. Tief im Feindesland operierend wird der Zu-

---

[47] Napoleon war ein Meister dieses Spiels der „Surprisen". Die *Schlacht von Marengo* (14. Juni 1800) diene als Beispiel. Die Alpenüberquerung des jungen Generals im Mai 1800, über den tief verschneiten St. Gotthard, war ein unerhörtes Wagnis und konnte von niemand vorausgesehen werden. Der österreichische Oberkommandierende, General Melas, hatte keine Ahnung davon, bis Napoleon mit seinen vierzigtausend Mann über ihn kam, und seine Reihen zersprengte. Der Schlachtensieg von Marengo befestigte Napoleons innenpolitische Stellung als Erster Konsul, und hat außenpolitisch dem *Frieden von Lunéville* (1801) den Weg bereitet.

sammenhalt der Soldaten gestärkt. Wenn andere Möglichkeiten fehlen, wird man alles auf den Kampf setzen.

22. 是故其兵不修而戒，不求而得，不约而亲，不令而信，
Daher werden die Soldaten auch ohne Befehle von oben stets wachsam sein; sie werden ihr Bestes geben, ohne daß es ausdrücklich verlangt wurde; sie werden ganz von selbst gute Kameradschaft halten; auch ohne Kommando befolgen sie die Regeln der militärischen Disziplin.

23. 禁祥去疑，至死无所之。吾士无余财，非恶货也；无余命，非恶寿也。
Man soll die Zeichendeuterei verbieten und alle abergläubischen Gerüchte ausmerzen. Dann werden die Soldaten bis zum Tode keinerlei Unheil fürchten. Wenn die Soldaten keine großen Besitztümer haben, dann nicht, weil sie Reichtum an sich verabscheuen. Wenn sie nicht besonders lange leben, dann nicht, weil sie die Langlebigkeit nicht schätzen.

24. 令发之日，士卒坐者涕沾襟，偃卧者涕交颐，投之无所往，诸刿之勇也。
Am Tag, an dem der Befehl ergeht, ins Feld zu rücken, setzen sich viele Soldaten und Offiziere auf den Boden, und weinen so sehr, daß selbst ihre Kleider naß werden; andere werfen sich auf die Erde, und ihre Tränen rinnen die Wangen hinunter. Aber laß sie in eine Lage geraten, in der sie keinen Ausweg mehr sehen, so wird ihre Tapferkeit derjenigen von Zhuan Zhu oder Cao Gui gleichkommen.[48]

25. 故善用兵者，譬如率然；率然者，常山之蛇也。
Der kluge Feldherr kann mit der Shuairan verglichen werden, welches eine Art Schlange ist, die in den Chang Bergen lebt.

---

[48] 尃諸 (Zhuan Zhu ?-515 v. Chr.) einer der vier bekannten Auftragsmörder der Frühlings -und Herbstperiode, wird als Muster eines entschlossenen und tapferen Kämpfers gesehen. Cao Gui (曹劌 ca. 680 v. Chr.) war ein Stratege zurzeit von Herzog Zhuang des Staates Lu (in Shandong). Bekannt durch den Sieg über die Armee des Staates von Qi (684 v. Chr.).

26. 击其首则尾至，击其尾则首至，击其中则首尾俱至。

Falls man ihr auf den Kopf schlägt, greift sie mit dem Schwanz an; und wenn man ihren Schwanz attackiert, greift sie mit dem Kopf an; und wenn man sie in der Mitte angreift, schlägt sie mit Kopf und Schwanz zurück.

27. 敢问："兵可使如率然乎？"曰："可。"

Frage: Kann eine Armee auch so handeln, wie diese Schlange? Antwort: Ja.

28. 夫吴人与越人相恶也，当其同舟而济，遇风，
其相救也如左右手。

Die Männer von Wu und von Yue sind eigentlich verfeindet, aber wenn sie im selben Boot sitzen und ein Sturm kommt, dann werden sie sich auch gegenseitig mit der linken und rechten Hand helfen.

29. 是故方马埋轮，未足恃也；齐勇若一，政之道也；刚柔皆得，
地之理也。

Es reicht also nicht, künstlich eine Einheit zu herzustellen, indem man, wie in der alten Zeit, die Pferde zusammenspannt und die Wagenräder abmacht und vergräbt. Wenn die Truppe wie von einem Willen beseelt handeln sollen, dann muß man ihr zuvor soldatische Zucht beibringen. Es müssen sowohl Strafen und Belohnungen eingesetzt werden. Je nach der Geländebeschaffenheit müssen klare Zuständigkeiten zugewiesen werden.

30. 故善用兵者，携手若使一人，不得已也。

Der gute Feldherr führt seine Armee so, daß die Soldaten keine Wahl haben, als seinem Willen zu folgen.

31. 将军之事：静以幽，正以治。能愚士卒之耳目，使之无知。
易其事，革其谋，使人无识；易其居，迂其途，使人不得虑。

Der General muß über Gelassenheit und die nötige Autorität verfügen. Er soll seine Untergebenen in Unwissenheit über seine Pläne lassen. Indem er seine Strategie und seine Feldzugpläne ab und zu ändert, hält er den Gegner in Ungewissen. Und indem er den Ort für das Lager und die Marschrouten gleichfalls variiert, läßt er alle im Dunkeln darüber, was er wirklich vorhat.

32. 帅与之期，如登高而去其梯；帅与之深入诸侯之地，而发其机，焚舟破釜，若驱群羊，驱而往，驱而来，莫知所之。

Wenn der Befehlshaber die Zeiteinteilung für seine Truppen bekanntgibt, dann handelt er wie jemand, der hochgestiegen ist, und dann die Leiter umstößt. Wenn er mit seinen Kolonnen tief ins Feindesland vorgedrungen ist, dann gleicht er dem Pfeil, der die Sehne verlassen hat. Er soll dann die Boote hinter sich verbrennen und das alte Lager zerstören. Er treibt seine Leute wie eine Schafherde hin und her, bis niemand eine Ahnung hat, wohin es gehen soll.

33. 聚三军之众，投之于险，此谓将军之事也。九地之变，屈伸之利，人情之理，不可不察。

Der General muß die Armee als Ganzes zusammenhalten und sie dann ins Gefecht führen. Genau das ist die Aufgabe des Generals. Die neun Geländeformationen verlangen jede ihre eigene Strategie, nur so wird man den Vorteil nutzen können, den ein bestimmtes Terrain bietet. Zudem muß der General die Eigenarten der menschlichen Natur in Betracht ziehen.

34. 凡为客之道：深则专，浅则散。去国越境而师者，绝地也；

Für den Vormarsch ins Feindesland gelten folgende Regeln: wenn man tief hineindringt, wird die eigene Armee an Zusammenhalt gewinnen; wenn man sich aber nur im Grenzgebiet aufhält, besteht die Gefahr, daß sich die Verbände zerstreuen. Wenn man das eigene Land verläßt und ins Nachbarreich vorstößt, dann begibt man sich auf ein kritisches Terrain.

35. 四达者，衢地也；入深者，重地也；入浅者，轻地也；背固前隘者，围地也；无所往者，死地也。

Ein Gebiet, worin es Verbindungen nach allen Richtungen gibt, ist ein „qudi"; ein Gebiet, in das man schon tief eingedrungen ist, heißt „zhongdi". Ein Land nahe an der Grenze ist dagegen ein „qingdi". Wenn man die starken Stellungen des Feindes im Rücken hat, und vor sich schmale Gebirgspässe, so heißt diese Art Gelände ein „weidi". Ein Gebiet, das der Armee keine Fluchtwege offen läßt, ist ein „sidi".

36. 是故散地，吾将一其志；轻地，吾将使之属；争地，
吾将趋其后；

Wenn man in einem „sandi" kämpft, also innerhalb des eigenen Machtbereichs, dann ist es geboten, die Kompanien mit eisernem Willen zusammenzuhalten. Falls man sich in einem „qingdi" befindet, also an der Grenze zum Feindesland, ist es notwendig, die Verbindung zwischen den Truppenteilen zu stärken. In einem „zhengdi" sollen unsere Truppen möglichst rasch ins feindliche Hinterland vordringen.

37. 交地，吾将谨其守；衢地，吾将固其结；重地，吾将继其食；
圮地，吾将进其途；围地，吾将塞其阙；死地，吾将示之以不活。

In einem „jiaodi" kommt es darauf an, eine wachsame und defensive Haltung einzunehmen. In einem „qudi", also einer Region mit guten Verkehrsverbindungen, soll man sich der Treue seiner Verbündeten versichern. In einem „zhongdi" soll man soviel Vorräte wie nur möglich aufnehmen. In einem „pidi" soll die eigene Armee so rasch wie möglich durchmarschieren. Was die „weidi" Situation angeht, wo unsere Armee den Feind im Rücken und einen engen Gebirgspaß vor sich hat, soll der Befehlshaber jede Rückzugsmöglichkeit blockieren.[49] In einem „sidi" bleibt den Soldaten nur übrig, auf Leben und Tod zu kämpfen.

38. 故兵之情，围则御，不得已则斗，过则从。

Denn es liegt in der Natur der Sache, daß Soldaten, die sich umzingelt sehen, mit dem Mute der Verzweiflung fechten werden; wenn es keine Wahl mehr gibt, dann werden sie mit letzter Entschlossenheit kämpfen; und in der Stunde der Gefahr werden sie bereit sein, den Befehlen ihrer Vorgesetzten zu gehorchen.

39. 是故不知诸侯之谋者，不能预交；不知山林、险阻、
沮泽之形者，不能行军；不用乡导者，不能得地利。

Wir können uns mit den benachbarten Herrschern nur dann verbünden, wenn wir deren Absichten kennen. Wenn man mit der Landesnatur, als da sind Berge und Wälder, steile Schluchten und enge

---

[49] Damit die Soldaten erbittert kämpfen, da es weder vorne noch hinten eine Fluchtmöglichkeit gibt.

Pässe, sowie Marschen und Sümpfe, nicht vertraut ist, darf man keine Armee ins Feld führen. Nur wer ortskundige Führer einsetzt, der wird den Beistand, den ein günstiges Terrain bietet, auch nutzen können.[50]

40. 四五者，不知一，非霸王之兵也。夫霸王之兵，伐大国，则其众不得聚；威加于敌，则其交不得合。

Kein Herrscher, dem diese neun (vier und fünf) wichtigen Geländeformationen unbekannt sind, darf sich einen Strategen nennen. Ein wahrer Kriegsfürst, der im Begriff steht, ein starkes Land anzugreifen, wird der feindlichen Armee keine Zeit lassen, zu ihren Sammelplätzen zu eilen. Und er weiß den Gegner dermaßen einzuschüchtern, daß er von niemandem Unterstützung bekommt.

41. 是故不争天下之交，不养天下之权，信己之私，威加于敌，故其城可拔，其国可隳。

Deshalb versucht der kluge Befehlshaber nicht, mit allen und jedem ein Bündnis zu schließen; und er nährt keine unbescheidenen Machtansprüche. Vielmehr verfolgt er seine eigenen Pläne und versteht es, die Feinde einzuschüchtern. Auf diese Weise wird es ihm möglich sein, feste Städte einzunehmen oder gar einen ganzen Staat zu zerstören.

42. 施无法之赏，悬无政之令，犯三军之众，若使一人。犯之以事，勿告以言；犯之以利，勿告以害。

Teile Belohnungen aus, ohne dich an feste Regeln zu halten; erteile nur Befehle, die zur jeweiligen Lage passen, so wirst Du die Armee in allen ihren Verbänden führen können, als handle sich um einen einzigen Körper. Laß die Soldaten ihre Pflicht von selber tun, ohne daß man sie dazu auffordern muß. Zeige ihnen die Vorteile, aber verschweige Ihnen die damit verbundenen Nachteile.[51]

---

[50] Ähnlich die bekannte Passage bei Machiavelli, wo der Autor ausführt, ein Fürst, der das Kriegshandwerk versteht, „muß die Beschaffenheit der Landschaft studieren, also um kennenzulernen, wie die Berge ansteigen, wie die Täler auslaufen, wie die Ebenen liegen, und ferner, um sich über die Beschaffenheit der Flüsse und Sümpfe zu unterrichten." (MACHIAVELLI, *Der Fürst*, hg. R. Zorn. Alfred Kröner Verlag, Stuttgart, ³1963, S. 60).

[51] N.B.: In einer der hanzeitlichen Ausgaben finden wir, daß „li" und „hai" ihre

43. 投之亡地然后存，陷之死地然后生。夫众陷于害，
然后能为胜败。

Führe sie in eine verzweifelte Lage, und die Soldaten werden mit
wilder Entschlossenheit kämpfen. Wenn sie in eine tödliche Gefahr
geraten, werden sie um ihr Überleben kämpfen. Denn einer Armee,
die in die Enge getrieben ist, bleibt keine andere Wahl, als zu siegen.

44. 故为兵之事，在于顺详敌之意，并敌一向，千里杀将，
此谓巧能成事者也。

In der Schule der Strategie muß man fähig sein, je nach den Absichten des Feindes ein Täuschungsmanöver durchzuführen. Indem
man den Feind durch geschickte Flankenangriffe bedrängt, wird es
uns schließlich gelingen, den gegnerischen Kommandeur zu töten,
und damit die feindlichen Einheiten in alle Winde zu zerstreuen.[52]

45. 是故政举之日，夷关折符，无通其使；厉于廊庙之上，
以诛其事。敌人开阖，必亟入之。

Sobald der Entschluß zum Krieg gefaßt ist, muß man die Wege, die
ins Feindesland führen, blockieren, die Pässe der Gesandten für un-
gültig erklären. Man soll dann in der Ratskammer genau planen,
wie man die Feinde besiegen kann. Sowie man eine Schwachstelle
in der gegnerischen Verteidigung entdeckt, muß man sofort nach-
stoßen.

46. 先其所爱，微与之期。践墨随敌，以决战事。

Erobere einen Platz, der dem Gegner besonders wichtig ist; mache
mit den Feinden keinen festen Zeitpunkt aus, sondern passe dein
taktisches Vorgehen der wechselnden militärischen Lage an.

---

jeweiligen Plätze vertauscht haben. Daraus folgt eine andere Bedeutung, nämlich
die folgende: „Laß die Soldaten gefährliche Situationen bestehen, ohne ihnen zuvor feste Belohnungen zu versprechen." Diese Aussage paßt gut zu den vier vo-
rausgegangenen Sätzen: seine Autorität dadurch festigen, daß man den Mannschaften keine Erklärungen gibt. Das Oberkommando hat also ein Monopol über
die wichtigen Informationen.
[52] Die beiden Zeichen „qianli" 千里, die wörtlich „tausend Meilen" bedeuten,
werden häufig gleichbedeutend mit „weite Entfernung; weit, weit weg" verwendet.

47. 是故始如处女，敌人开户，后如脱兔，敌不及拒。

Am Anfang zeige die Schüchternheit eines Mädchens, bis dein Feind sich offenbart hat; danach entwickle die Schnelligkeit eines Hasen, und der Feind wird keinen Widerstand leisten können.

第十二篇 火攻
Kapitel XII | ANGRIFF MIT FEUER

1. 凡火攻有五：一曰火人，二曰火积，三曰火辎，四曰火库，
五曰火队。

Es gibt fünf verschiedene Arten, um mittels Feuer Krieg zu führen:

1. Feuer, das gegen die Soldaten eingesetzt wird.
2. Feuer, das gegen die Vorräte eingesetzt wird.
3. Feuer, das gegen Transport- und Nachschubwagen eingesetzt wird.
4. Feuer, das gegen die Magazine eingesetzt wird.
5. Feuer, das gegen strategisch wichtige Punkte (z. B. Brücken) eingesetzt wird.

2. 行火必有因，烟火必素具。发火有时，起火有日。

Es ist eine Voraussetzung des Kampfes mit Feuer, daß das brennbare Material stets in der benötigten Menge vorhanden ist. Es gibt günstige Jahreszeiten, um die Feuerwaffe einzusetzen, und es gibt auch Tage, die dafür besonders geeignet sind.

3. 时者，天之燥也；日者，月在箕、壁、翼、轸也。凡此四宿者，
风起之日也。

Die geeignete Jahreszeit ist die, wenn das Wetter sehr trocken ist. Und die günstige Zeit ist jene, in der der Mond in die Sternbilder von Schütze, Pegasus, Becher und Rabe[53] eintritt, weil dann nämlich häufige Winde aufkommen.[54]

---

[53] 箕 (*ji*: Rüttelsieb)、壁 (*bi*: Mauer, Wand)、翼 (*Yi*: Flügel)、轸(*zhen*: Streitwagen) – dies sind vier der achtundzwanzig Konstellationen in der klassischen chinesischen Astronomie. Sie kulminieren am herbstlichen Nachthimmel. Herbst gilt allgemein, auch in Europa, als die „windige Jahreszeit" (Georg Christoph Lichtenberg).

[54] Berühmt ist die Schlacht an der Roten Wand (208), als der Stratege von *Shu* 蜀, *Zhuge Liang* 諸葛亮, die Flotte des nördlichen Kriegsherrn *Cao Cao* 曹操 dadurch vernichtete, daß er den Südostwind ausnützte, um Feuer zu legen. In der chinesischen Geschichte kommt Zuge Liang dem von Sunzi gezeichneten Idealbild des Großen Strategen am nächsten.

4. 凡火攻，必因五火之变而应之。火发于内，则早应之于外。

Wenn man mit Feuer angreift, muß man auf die fünf oben genannten Möglichkeiten vorbereitet sein. Falls man beim Feinde Feuer legt, muß man auch von außen entsprechende Maßnahmen vorbereiten.

5. 火发兵静者，待而勿攻，极其火力，可从而从之，不可从而止。

Wenn ein Feuer ausbricht, und die feindlichen Soldaten bleiben trotzdem ruhig, soll man mit dem Angreifen warten. Selbst wenn die Feuerbrunst am stärksten ist, muß man überlegen, ob ein Angriff opportun ist oder nicht.

6. 火可发于外，无待于内，以时发之。

Wenn man auch von draußen Feuer legen kann, soll man nicht darauf warten, Feuer innen (im Lager) anzufachen; sondern man soll angreifen, wenn es am günstigsten erscheint.

7. 火发上风，无攻下风。昼风久，夜风止。凡军必知有五火之变，以数守之。

Falls man ein Feuer entfacht, halte dich windwärts. Falls der Wind tagsüber lange bläst, dann wird die Nacht eher windstill sein. Jede Armee muß diese fünf Möglichkeiten, Feuer als Waffe einzusetzen, immer im Gedächtnis behalten. Man muß auch nach dem jeweiligen Stand der Sterne entscheiden, ob man Feuer einsetzen kann.

8. 故以火佐攻者明，以水佐攻者强。水可以绝，不可以夺。
夫战胜攻取，而不修其功者凶，命曰费留。故曰：明主虑之，良将修之。

Die Führer, die Feuer einsetzen wollen, brauchen ein hohes Maß an Klugheit; wenn man mit dem Wasser als Waffe operiert, muß man vor allem Stärke besitzen. Wasser kann einem Feind zwar Schaden zufügen, doch kann es ihn nicht vollständig ruinieren. Was Sieg und Eroberung angeht, so muß man auch verstehen, diesen Erfolg abzusichern: sonst ist die ganze Mühe vergeblich gewesen.[55] Es heißt: ein

---

[55] Die Zeichen 费留 ergeben hier keinen Sinn. Die neuere Forschung meint, es könne sich um die beiden folgenden handeln 赘旒 (zhui liu), die phonetisch

kluger Herrscher durchdenkt seine Kriegspläne sehr genau, und ein tüchtiger General muß sie dann mit aller Umsicht durchführen.

9. 非利不动，非得不用，非危不战。主不可以怒而兴师，
将不可以愠而致战；合于利而动，不合于利而止。

Greife nicht an, wenn Du keinen Vorteil dabei siehst. Setze Deine Truppen nicht ein, wenn Dir der Sieg nicht sicher erscheint. Mache nur dann Krieg, wenn es nicht mehr zu vermeiden ist. Ein Herrscher soll nicht aus einer Laune heraus seine Armee mobilisieren. Kein General darf eine Schlacht schlagen, nur aus einer emotionalen Aufwallung heraus. Nur wenn es dem Staate dient, darf man Krieg machen, ansonsten bleibe zu Hause.

10. 怒可以复喜，愠可以复悦；亡国不可以复存，死者不可以复生。
故明君慎之，良将警之，此安国全军之道也。

Kein Wutanfall dauert ewig, und danach wird man sich wieder freuen; und wer sich heute ärgert, der wird morgen wieder frohen Mutes sein. Aber einen Staat, der zu Grunde gegangen ist, kann man nicht wiederaufrichten. Auch die toten Soldaten kann man nicht wieder zum Leben erwecken. Und deshalb soll ein erleuchteter Herrscher höchste Vorsicht walten lassen, (wenn es um das Kriegswesen geht), und ein guter Heerführer sollte gleichfalls sehr wachsam sein; das ist die Regel, der man folgen muß, wenn man die Sicherheit von Staat und Armee im Auge hat.

ähnlich klingen. Sie bedeuten die Ornamente (*Trotteln* oder *Bänder*), die die chinesischen Kriegsfahnen schmückten. Also etwas Unnützes, Überflüssiges.

第十三篇 用间篇

Kapitel XIII | WIE MAN INFORMATIONEN GEWINNT

1. 凡兴师十万，出征千里，百姓之费，公家之奉，日费千金；
内外骚动，怠于道路，不得操事者，七十万家。

Wenn man eine Armee von hunderttausend Mann aufstellt, um
über weite Entfernungen hin Krieg zu führen, dann ist dies eine
schwere Belastung für das Volk und die Kosten für die Staatskasse
betragen etwa tausend Silberunzen pro Tag. Im Lande und auswärts
wird es Unruhe geben. Mindestens 700.000 Familien sind unterwegs
(um Kriegsvorbereitungen zu treffen), und können nicht ihrer normalen Beschäftigung nachgehen.[56]

2. 相守数年，以争一日之胜，而爱爵禄百金，不知敌之情者，
不仁之至也，非人之将也，非主之佐也，非胜之主也。

Feindliche Armeen können sich jahrelang gegenüberstehen, und
doch kann der endliche Sieg an einem Tag erkämpft werden. Diejenigen, die zu geizig sind, (um Informanten / Spione zu bezahlen),
weshalb die Ansichten des Feindes im Dunkeln bleiben, sind tat-
sächlich Verbrecher; sie haben kein Recht darauf, als Befehlshaber
zu dienen, noch als Berater der Herrscher, noch auch als Herrscher
selber.

3. 故明君贤将，所以动而胜人，成功出于众者，先知也。

Der kluge Herrscher und der tüchtige General können deshalb vor-
stoßen und den Sieg erringen, und mehr erreichen als die große
Masse, weil sie nämlich einen entscheidenden Wissensvorsprung
genießen.

4. 先知者，不可取于鬼神，不可象于事，不可验于度，
必取于人，知敌之情者也。

Diesen Informationsvorsprung gewinnt man nicht durch Orakel-
kunst oder Geisterbeschwörung, auch nicht aus der Erfahrung, noch
durch astrologische Spekulationen, sondern allein von Leuten, die

---

[56] Gemeint sind hier vor allem die Bauern, die zu *corvée*-Diensten zwangsver-
pflichtet werden und deshalb ihre Felder nicht bestellen können – wodurch die
Ernten leiden und die Lebensmittelpreise in die Höhe steigen.

über die Pläne der Feinde Bescheid wissen.

5. 故用间有五：有乡间，有内间，有反间，有死间，有生间。
五间俱起，莫知其道，是谓神纪，人君之宝也。
Es gibt fünf Kategorien von Informanten, die im Folgenden erläutert
werden. Wer sich alle diese Arten zunutze machen kann, dessen Gedanken kann der Feind nicht erraten. Dies kann eine quasi „überna-
türliche Hilfe" genannt werden, und ist eine unschätzbare Waffe für
jeden Herrscher.

1. 乡间者，因其乡人而用之.
Einheimische Spione: weil man dafür Informanten aus dem Feindesland einsetzt.
2. 内间者，因其官人而用之。
Innere Spione: weil man dafür Informanten aus der feindlichen
Verwaltung verwendet.
3. 反间者，因其敌间而用之。
Doppelagenten: ursprünglich feindliche Agenten umdrehen, um
sie für die eigenen Zwecke zu benutzen.
4. 死间者，为诳事于外，令吾间知之，而传于敌间也。
Todgeweihte Agenten: Agenten, die im Feindesland täuschende
Berichte über unsere Absichten verbreiten.
5. 生间者，反报也。
Überlebende Agenten: Agenten, die uns die Informationen zu-
rückbringen.

6. 故三军之事，莫亲于间，赏莫厚于间，事莫密于间。
Daher darf es in der ganzen Armee kein engeres Verhältnis geben,
als zwischen dem Agenten und seinem Führer; und auch keine Person, die eine höhere Belohnung empfängt; und bei niemandem ist
das Prinzip der Geheimhaltung wichtiger.

7. 非圣智不能用间，非仁义不能使间，非微妙不能得间之实。
Ein Agent muß eine speziell hohe Intelligenz aufweisen, sonst kann
man ihn nicht nutzbringend verwenden. Eine absolute Loyalität
zwischen Agent und Führer ist die Voraussetzung für dessen erfolgreichen Einsatz. Auch der Führer muß über ein scharfes Denkver-
mögen verfügen, um die vom Agenten gelieferten Informationen
richtig auszuwerten.

8. 微哉！微哉！无所不用间也。间事未发，而先闻者，
间与所告者皆死。

Du kannst nicht vorsichtig genug sein! Im Krieg kann man Agenten bei jeder Gelegenheit einsetzen. Wenn der Agent enttarnt wird, bevor er seine Aufgabe erfüllt hat, dann wird er sicherlich zusammen mit seiner Quelle hingerichtet.

9. 凡军之所欲击，城之所欲攻，人之所欲杀，必先知其守将，
左右，谒者，门者，舍人之姓名，令吾间必索知之。

Wann es gilt, eine Armee anzugreifen, oder eine Stadt zu erobern, oder aber eine bestimmte Person zu beseitigen, dann muß man sich zuerst mit den Leibwächtern, den Adjutanten, den Vertrauten und den Torwächtern des Oberbefehlshabers vertraut machen.

10. 必索敌人之间来间我者，因而利之，导而舍之，
故反间可得而用也。

Zudem ist es nötig, die Agenten des Feindes, die zu uns als Spione geschickt wurden, durch hohe Summen zu bestechen, oder sie durch Argumente auf unsere Seite zu ziehen. Und dann können wir diesen Personenkreis für unsere Sache einsetzen.

11. 因是而知之，故乡间、内间可得而使也；

Wenn man durch die Doppelagenten wichtige Informationen erhalten hat, dann kann man auch die einheimischen und die in der Verwaltung sitzenden Agenten noch besser einsetzen.

12. 因是而知之，故死间为诳事，可使告敌。

Und man soll auch die unter Lebensgefahr arbeiteten Agenten mit falschen Nachrichten versorgen, um den Feind zu täuschen. [57]

---

[57] Die 三國 Periode (ca. 200-260 n. Chr.), die auf den Untergang der Han folgt, war eine Zeit wilder Machtkämpfe. Zhuge Liang 諸葛亮, der bekannteste Stratege dieser Epoche, gilt als Meister in der Kunst, Agenten einzusetzen; folglich war er über die jeweiligen politischen und militärischen Druckverhältnisse stets bestens informiert. Die entscheidende Schlacht an der Roten Wand (208 n. Chr.) wurde u. a. deshalb gewonnen, weil der Stratege von Shu seine Leute in der *entourage* seines großen Kontrahenten, Cao Cao. 曹操 platziert hatte. Zum blühenden Agentenwesen in der *sanguo*-Periode ausführlich in: Sanguo zhi yanyi (三國志演義 Geschichten aus der Zeit der Drei Reiche). Diese sich über 120 Kapitel erstreckende Erzählung des Luo Guanzhong wurde 1679 veröffentlicht; sie zählt zu

13. 因是而知之，故生间可使如期。

Und endlich wird der überlebende Agent in der Lage sein, uns wichtige Informationen zurückzubringen.

14. 五间之事，主必知之，知之必在于反间，故反间不可不厚也。

Jeder Herrscher muß fähig sein, alle fünf Arten von Agenten einzusetzen. Darunter bringen uns die Doppelagenten den meisten Nutzen. Und deshalb soll man sie besonders großzügig belohnen.

15. 昔殷之兴也，伊挚在夏；周之兴也，吕牙在殷。

In der Geschichte ist der Aufstieg der Yin (Shang)-Dynastie dem Yi Zhi[58] zu danken, der eigentlich ein Beamter der Xia-Dynastie war; und der Aufstieg der Zhou-Dynastie hängt eng mit Lü Ya[59] zusammen, der ein Untertan der Yin-Dynastie war.

16. 故惟明君贤将，能以上智为间者，必成大功。此兵之要，
三军之所恃而动也。

Und daher werden kluge Herrscher und fähige Feldherren immer bestrebt sein, die intelligentesten Personen als Agenten einzusetzen, was ihnen großen Nutzen einbringen wird. Dies ist ein wichtiger Punkt jeglicher Kriegsführung, da sich der gesamte Feldzugsplan an den so gewonnenen Erkenntnissen orientieren muß.

---

den vier klassischen Werken der chinesischen Romanliteratur. Viele Stellen darin lehnen sich an die Epigramme des *bingfa* an, die dem Verfasser offensichtlich bestens vertraut sind.

[58] Besser als 伊尹 bekannt (1648-1570 v. Chr.). Er war ein berühmter Politiker und Minister in der frühen Shang-Dynastie.

[59] Auch als 姜子牙; 姜太公; 太公望 bekannt, war Erster Minister zur Zeit von Zhou Wenwang (周文王 reg. ca. 1060-1035 v. Chr.).

第七章　孫武——中國兵學的聖人

起用兵，司馬穰苴弗能過云，能以身作則，與士卒共燚

（張大夏繪）　武　孫

。文臣

附近某

美哉乎

在險

王死

篇，列

楚帥

著。（

Über den Autor und die Autorin

Dr. **Rainer Hoffmann** | Im SS 1963 Beginn des Studiums in den Fächern Geschichte, Politik und Anglistik an der Freiburger Universität. – 1965/66 Studienjahr an der School of Oriental and African Studies in London. – 1968 Abschluss des Studiums mit dem Staatsexamen an der Universität Freiburg. – 1968-72: Zweitstudium der Ostasienwissenschaft in den USA: an der Columbia University in New York, und in Harvard, Cambridge. – Sommer 1972: Promotion zum Dr. phil. an der Freiburger Universität mit der Bewertung: summa cum laude. Die Arbeit wurde mit dem Forschungspreis der Fakultät ausgezeichnet. – 1972: Tätigkeit als Assistent am Seminar für wissenschaftliche Politik der Universität Freiburg. – 1973-75: Studienaufenthalt in Japan (Universität Kyoto) und in Hongkong (dort Sammlung von Materialien für die geplante Habilitation am Union Research Institute und an der Universität). – 1976: Habilitation an der Freiburger Universität mit einer Arbeit zur Sozialgeschichte der chinesischen Kulturrevolution; Erhalt der venia legendi für den Bereich: Geschichte und Politik Ostasiens. – Im Sommer 1978 Aufnahme in das Heisenberg-Programm. – 1989: Verleihung des Titels eines außerordentlichen Professors durch das Stuttgarter Kultusministerium. – Ab 1990: Lehrtätigkeit in Freiburg, Basel und Sankt Gallen.

Schriftenverzeichnis

1. *Bücherkunde zur chinesischen Geschichte, Kultur und Gesellschaft.* Weltforum Verlag, München 1973.
2. *Entmaoisierung in China. Zur Vorgeschichte der Kulturrevolution.* Weltforum Verlag, München 1973.
3. *Die Sozialgeschichte der chinesischen Kulturrevolution.* Hoffmann und Campe, Hamburg 1977.
4. *Kampf zweier Linien. Zur politischen Geschichte der chinesischen Volkrepublik.* Klett-Cotta, Stuttgart 1978.
5. *Der Untergang des konfuzianischen China: vom Mandschureich zur Volksrepublik.* Harrassowitz, Wiesbaden 1980.
6. *Traditionale Gesellschaft und moderne Staatlichkeit. Eine vergleichende Untersuchung der europäischen und chinesischen Entwicklungstendenzen.* Weltforum Verlag, München 1988.

7. *Neokonfuzianer und Sinobuddhisten. Drei Studien zur Entstehung der Lixue-Philosophie in der späten Tang-Dynastie* (mit Hu Qiuhua). Freiburger Beiträge zu Entwicklung und Politik 23. Arnold-Bergstraesser-Institut. Freiburg i. Br. 1997.

8. *China. Seine Geschichte von den Anfängen bis zum Ende der Kaiserzeit* (mit Hu Qiuhua). Rombach Verlag. Freiburg im Breisgau 2007.

Dr. **Hu Qiuhua** I Geboren in Beijing. 1977-1982: Studium der deutschen Sprache und Literatur im Beijinger Spracheninstitut. 1984-1990: Studium der deutschen Literaturgeschichte, der Sinologie und der Soziologie an der Albert-Ludwigs-Universität in Freiburg i. Br. – Promotion in Germanistik, Sinologie und Soziologie mit dem Thema: „Literatur nach der Katastrophe: Eine vergleichende Studie über die Trümmerliteratur in Deutschland und die Wundenliteratur in der Volksrepublik China". – Seit 1993 Lehrtätigkeit für chinesische Kultur und Sprache an der Universität Zürich und der ETH Zürich.

Schriftenverzeichnis

1. *Literatur nach der Katastrophe. Eine vergleichende Studie über die Trümmerliteratur in Deutschland und die Wundenliteratur in der Volksrepublik China.* Peter Lang, 1991 (Dissertation).

2. *Neokonfuzianer und Sinobuddhisten. Drei Studien zur Entstehung der Lixue-Philosophie in der späten Tung-Dynastie* (mit Rainer Hoffmann). Freiburger Beiträge zu Entwicklung und Politik 23. Arnold-Bergstraesser-Institut. Freiburg i. Br. 1997.

3. *Wang Guowei, Schopenhauer und das Dunkel der Welt. Überlegungen um ein Ci-Lied aus den Renjian* 人間詞 (mit Rainer Hoffmann). In: Jahrbuch der Schopenhauergesellschaft Band LXXXI (2000). S. 75-107.

4. *Wang Guowei* (王國维1877-1927) *und die Sprachproblematik*, in: Asiatische Studien 4. 2001, S. 971-978.

5. *Wang Guowei und die chinesische Kantrezeption zu Beginn des XX. Jahrhunderts.* Vortrag auf der International Conference „Fascination and Understanding" Smolenice Castle (Slovakia), 22.-25. Feb. 2003; jetzt in: Monumenta Serica. Journal of Oriental Studies. Vol. LIII (2005), pp. 337-360.

6. *Die Schriften von Wang Guowei in chronologischer Abfolge* 王國维著作編年 in: Asiatische Studien 4. 2005, S. 1077-1188.

7. *China. Seine Geschichte von den Anfängen bis zum Ende der Kaiserzeit* (mit Rainer Hoffmann). Rombach Verlag. Freiburg im Breisgau 2007.

8. *Das Eigene und das Fremde. Chinas Rückwendung zum autochthonen Kulturmodell*, in: Zeitschrift für Weltgeschichte, 11 (Frühjahr 2010 mit Rainer Hoffmann), Heft 1, S. 11-53.

9. *Konfuzianisches Ethos und westliche Wissenschaft. Wang Guowei (1877-1927) und das Ringen um das moderne China.* Monumenta Serica Monograph Series LXVII. Routledge, Oxford 2016, 445 S.

edition pace

Begründet von Thomas Nauerth & Peter Bürger

John Dear
EIN MENSCH DES FRIEDENS UND DER GEWALTFREIHEIT WERDEN
Ausgewählte Aufsätze und Reden.
Norderstedt: BoD 2018 – ISBN: 978-3-7460-8898-3

Heinrich Missalla
„GOTT MIT UNS"
Die deutsche katholische Kriegspredigt 1914-1918.
Norderstedt: BoD 2018 – ISBN: 978-3-7528-1568-9

Christian Weisner / Friedhelm Meyer / Peter Bürger (Hg.)
„GEDENKT DER HEILIGSPRECHUNG VON OSCAR ROMERO
DURCH DIE ARMEN DIESER ERDE"
Dokumentation des Ökumenischen Aufrufes zum 1. Mai 2011.
Norderstedt: BoD 2018 – ISBN: 978-3-7460-7979-0

Reinhard J. Voß
DIE KATHOLISCHE KIRCHE IN DER DR KONGO
IM KONTEXT VON GESELLSCHAFT UND ÖKUMENE.
Norderstedt: BoD 2019 – ISBN: 978-3-7481-4482-3

Matthias-W. Engelke
ZELT DER FRIEDENSMACHER
Die christliche Gemeinde in Friedenstheologie und Friedensethik.
Norderstedt: BoD 2019 – ISBN: 978-3-7494-3645-3

IM SOLD DER SCHLÄCHTER
Texte zur Militärseelsorge im Hitlerkrieg
Hg. von R. Schmid, Th. Nauerth, M.-W. Engelke, P. Bürger.
Norderstedt: BoD 2019 – ISBN: 978-3-7481-0172-7

John Dear
GEWALTFREI LEBEN
Aus dem Englischen von Ingrid von Heiseler,
herausgegeben von Thomas Nauerth.
Norderstedt: BoD 2019 – ISBN: 978-3-7494-5179-1

Die Seelen rüsten
Zur Kritik der staatskirchlichen Militärseelsorge
Hg. von R. Schmid, Th. Nauerth, M.-W. Engelke, P. Bürger.
Norderstedt: BoD 2019 – ISBN: 978-3-7494-6804-1

Peter Bürger
Oscar Romero, die synodale Kirche und Abgründe des Klerikalismus
Zum 40. Todestag des Lebenszeugen aus El Salvador.
Norderstedt: BoD 2020 – ISBN: 978-3-7504-9377-3

Ullrich Hahn
Vom Lassen der Gewalt
Thesen, Texte, Theorien zu Gewaltfreiem Handeln heute.
Hg. von Annette Nauerth & Thomas Nauerth.
Norderstedt: BoD 2020 – ISBN: 978-3-7519-4442-7

Wilhelm Wille
Sie sagen Friede, Friede … Zwanzig Jahre Forum Friedensethik
in der Evangelischen Landeskirche in Baden (FFE).
Norderstedt: BoD 2020 – ISBN: 978-3-7526-2956-9

Thomas Nauerth /
Ökumenisches Institut für Friedenstheologie (Hg.)
Was ist Friedenstheologie ? Ein Lesebuch.
Norderstedt: BoD 2020 – ISBN: 978-3-7526-4444-9

George Pattery S.J.
Gandhi als Glaubender. Eine indisch-christliche Sichtweise.
Aus dem Englischen von Ingrid von Heiseler.
Herausgegeben von Klaus Hagedorn & Thomas Nauerth.
Norderstedt: BoD 2021 – ISBN: 978-3-7557-0056-2

Ulrich Frey
Auf dem Weg der Gerechtigkeit und des Friedens
Texte aus drei Jahrzehnten. Herausgegeben von Gottfried Orth.
Norderstedt: BoD 2022 – ISBN: 978-3-7543-8569-2

Thomas Nauerth / Annette M. Stroß (Hg.)
In den Spiegel schauen
Friedenswissenschaftliche Perspektiven für das 21. Jahrhundert.
Ein Lesebuch mit Texten von Egon Spiegel.
Norderstedt: BoD 2022 – ISBN: 978-3-7562-2081-6

Jochen Vollmer
„FRIEDENSKIRCHE WERDEN – ANKOMMEN IM
POSTKONSTANTINISCHEN ZEITALTER"
Friedenstheologische Beiträge zur Entgiftung von Kirche und Glauben.
In Zusammenarbeit mit dem OekIF, hg. von Matthias-W. Engelke.
Norderstedt: BoD 2023 – ISBN: 978-3-7583-0420-0

Gottfried Orth (Hg.)
… DASS GERECHTIGKEIT UND FRIEDEN SICH KÜSSEN
Helmut Gollwitzer (1908-1993).
Norderstedt: BoD 2024 – ISBN: 978-3-7583-7214-8

Alfred Hermann Fried
GESCHICHTE DER FRIEDENSBEWEGUNG
Eine Darstellung zum Pazifismus bis 1912.
(Regal: Geschichte der Friedensbewegung 1)
Norderstedt: BoD 2024 – ISBN 978-3-7597-0334-7

Ludwig Quidde
ÜBER MILITARISMUS UND PAZIFISMUS
Vier friedensbewegte Texte aus den Jahren 1893-1926.
(Regal: Geschichte der Friedensbewegung 2)
Norderstedt: BoD 2024 – ISBN 978-3-7597-0320-0

Richard Barkeley
DIE DEUTSCHE FRIEDENSBEWEGUNG 1870-1933
Unveränderter Text der Darstellung von 1947 – Bibliographie.
(Regal: Geschichte der Friedensbewegung 3)
Norderstedt: BoD 2024 – ISBN 978-3-7597-0405-4

Eberhard Bürger
FRIEDENSBEWEGUNGEN IN DER ÖKUMENE
UM DIE ZEIT DES ERSTEN WELTKRIEGS – EIN ÜBERBLICK
(Regal: Geschichte der Friedensbewegung 4)
Norderstedt: BoD 2024 – ISBN 978-3-7597-0660-7

Dieter Riesenberger
DIE KATHOLISCHE FRIEDENSBEWEGUNG IN DER WEIMARER REPUBLIK
Neuedition der Auflage von 1976. – Mit einem Vorwort von Walter Dirks
und einem Nachruf für Dieter Riesenberger von Helmut Donat.
(Regal: Geschichte der Friedensbewegung 5)
Norderstedt: BoD 2024 – ISBN 978-3-7597-0649-2

David Low Dodge
KRIEG IST MIT DER RELIGION JESU CHRISTI UNVEREINBAR
Eine pazifistische Pionierschrift aus dem Jahr 1812,
mit einer Einführung von Edwin D. Mead –
aus dem Englischen von Ingrid von Heiseler.
(Regal: Geschichte der Friedensbewegung 6)
Norderstedt: BoD 2024 – ISBN: 978-3-7597-3038-1

Erasmus von Rotterdam
ALLE MÜSSEN DEN KRIEG VERLÄSTERN
„Die Klage des Friedens" 1517, übersetzt von Rudolf Liechtenhan –
mit einem Vorwort von Eugen Drewermann.
Norderstedt: BoD 2024 – ISBN: 978-3-7583-8178-2

Johann von Bloch
DIE WAHRSCHEINLICHEN POLITISCHEN UND WIRTSCHAFTLICHEN
FOLGEN EINES KRIEGES ZWISCHEN GROßMÄCHTEN
Neuedition der Übersetzung von 1901 mit Begleittexten
von B. Friedberg, Manfred Sapper und Jürgen Scheffran
(Regal: Pazifisten & Antimilitaristen aus jüdischen Familien 1)
Norderstedt: BoD 2024 – ISBN: 978-3-7597-2313-0

Rudolf Goldscheid
MENSCHENÖKONOMIE, WELTKRIEG UND WELTFRIEDEN
Ausgewählte Schriften 1912 – 1926
(Regal: Pazifisten & Antimilitaristen aus jüdischen Familien 2)
Norderstedt: BoD 2024 – ISBN: 978-3-7597-7885-7

Moritz Adler
WENN DU DEN FRIEDEN WILLST, BEREITE FRIEDEN VOR
Texte wider den Krieg 1868 – 1899
(Regal: Pazifisten & Antimilitaristen aus jüdischen Familien 3)
Norderstedt: BoD 2024 – ISBN: 978-3-7597-9450-5

Eduard Loewenthal
DER KRIEG IST ABZUSCHAFFEN
Friedensbewegte Schriften für das Europa
der Völker und einen Weltstaatenbund, 1870 – 1912
(Regal: Pazifisten & Antimilitaristen aus jüdischen Familien 4)
Norderstedt: BoD 2024 – ISBN: 978-3-7583-5069-6

edition pace

Die hier fortgesetzte *edition pace*,
initiiert von Thomas Nauerth und Peter Bürger,
erschließt Quellentexte, Inspirationen & Forschungsbeiträge
zu folgenden Themenschwerpunkten:

Kultur der Gewaltfreiheit und des Friedens;
Persönlichkeiten, Spiritualität und Praxis
des gewaltfreien Widerstands;
Friedenstheologie, Kritik der Kriegsreligion;
Kirchliche Friedenslehren und Geschichte des
religiös motivierten Pazifismus;
Ökumenische und interreligiöse Lernprozesse
in der Bewegung für Gerechtigkeit, Frieden und
Bewahrung der Schöpfung.

Ergänzend:
Regal zur Geschichte der Friedensbewegung.

Regal: Pazifisten & Antimilitaristen
aus jüdischen Familien.

Buchausgaben:
https://buchshop.bod.de/
(Suchfunktion I Eingabe: *edition pace*)

Eduard Bernstein
DER FRIEDE IST DAS KOSTBARSTE GUT
Schriften zum Ersten Weltkrieg. Mit einem Essay von Helmut Donat.
Herausgegeben von Peter Bürger.
(Regal: Pazifisten & Antimilitaristen aus jüdischen Familien, 5)
Norderstedt: BoD 2024 – ISBN: 978-3-7693-1268-3

Adolf von Harnack
MILITIA CHRISTI
Die christliche Religion und der Soldatenstand
in den ersten drei Jahrhunderten.
Mit einem einleitenden Essay von Franz Segbers.
(Regal: Pazifismus der frühen Kirche 1)
Norderstedt: BoD 2024 – ISBN: 978-3-7597-6020-3

Thomas Gerhards
PAZIFISMUS UND KRIEGSDIENSTVERWEIGERUNG IN DER FRÜHEN KIRCHE
Eine Quellensammlung. – Mit einer Einleitung von Konrad Lübbert.
Neuedition der sechsten, überarbeiteten Auflage von 1991.
(Regal: Pazifismus der frühen Kirche 2)
Norderstedt: BoD 2024 – ISBN: 978-3-7693-2108-1

Egon Spiegel
GEWALTVERZICHT
Grundlagen einer biblischen Friedenstheologie.
Neuedition nach der Zweiten Auflage 1989.
(Regal: Pazifismus der frühen Kirche 3)
Norderstedt: BoD 2024 – ISBN: 978-3-7693-2404-4

Gerrit Jan Heering
DER SÜNDENFALL DES CHRISTENTUMS
Eine Untersuchung über Christentum, Staat und Krieg.
Aus dem Holländischen übersetzt durch
Octavia Müller-Hofstede de Groot, 1930
(Regal: Pazifismus der frühen Kirche 4)
Norderstedt: BoD 2024 – ISBN: 978-3-7693-2488-4